陶渊明传

结庐在人境

王佳佳 著

江苏凤凰文艺出版社
JIANGSU PHOENIX LITERATURE AND ART PUBLISHING

图书在版编目（CIP）数据

陶渊明传：结庐在人境 / 王佳佳著 . -- 南京：江苏凤凰文艺出版社，2023.8

ISBN 978-7-5594-7757-6

Ⅰ . ①陶… Ⅱ . ①王… Ⅲ . ①陶渊明（365–427）–传记 Ⅳ . ① K825.6

中国国家版本馆 CIP 数据核字（2023）第 085265 号

陶渊明传：结庐在人境

王佳佳　著

责任编辑　王昕宁
策划编辑　李　根
特约编辑　连　慧
装帧设计　天下书装
责任印制　刘　巍
出版发行　江苏凤凰文艺出版社
　　　　　南京市中央路 165号，邮编：210009
网　　址　http://www.jswenyi.com
印　　刷　三河市春园印刷有限公司
开　　本　880毫米×1230毫米　1/32
印　　张　9
字　　数　178千字
版　　次　2023年 8月第 1版
印　　次　2023年 8月第 1次印刷
书　　号　ISBN 978-7-5594-7757-6
定　　价　49.80元

山气日夕佳，飞鸟相与还。
此中有真意，欲辨已忘言。

——《饮酒·其五》（节选）

人生无根蒂，飘如陌上尘。
分散逐风转，此已非常身。
落地为兄弟，何必骨肉亲！
得欢当作乐，斗酒聚比邻。
盛年不重来，一日难再晨。
及时当勉励，岁月不待人。

——《杂诗十二首》（其一）

目录

contents

序　言

黄昏中，偶见群鸟低飞，掠过古旧的窗台；牧童的笛声渐渐远去，只留下晚风轻拂着寂静的山岗。

思绪不自觉落到陶渊明的诗句："山气日夕佳，飞鸟相与还。"想象着诗人是如何决心辞去官职，将自己的灵魂，安放在那片清丽的山水田园之间；如何在劳作了一天之后，仍能吟唱着愉悦的歌，扛着锄，于陌上缓缓归来；想象他右手执卷，左手牵壶，欣然地坐在五柳环绕的小屋，腾挪着微醺的身形，吐出灿烂的诗句。

夜晚，梦中的彩蝶翩翩起舞，桃源中的稻麦轻轻摩梭。一次又一次，于午夜梦回中苏醒，他梦见已故的亲友，梦见他从前的妻，转身自己已是两鬓斑白。

生命是一个谜团。他站在黑夜那边，默默地守望着稻田里的黎明。

归隐之后，他完完全全成了一介农夫，日出而作，日落而息。为了生活，他放下士人的清高，穿布衣草鞋，辛勤地耕作。他耐心等待每一粒稻谷的长成，却时常因为受自然灾害的影响而颗粒无收，不得不面临向乡邻乞食的窘境。

但这样的日子仍然让他无怨无悔。他常常饮酒，借杯中之物消尽心中的块垒。

回顾从前，那是一个多么激情昂扬的岁月。他曾拥有多么广阔、高远的志向，他曾翻山越岭，仗剑远游，他也曾几度出入仕途，浮浮沉沉。

可是，为了抱守志节，他最终选择远离官场的纷争，放弃了自己的猛志，转而走向钟爱的田园。他知道，放弃仕途意味着从此将要过清贫的生活。但或许是，年少时候就曾有过躬耕的经历，田园生活对他来说并不陌生，因此，他并不感到畏惧。

归去来兮，四十一岁那年，他不为五斗米折腰，辞去彭泽县令，对于官场，无半点留恋。“久在樊笼里，复得返自然。”那是他急于回归田园的心情写照。那时候，他感觉自己像一只挣脱了尘网的鸟儿，获得了渴望已久的自由。在田园，有欣欣向荣的树木与涓涓的溪流，他常常策杖独行于东园，欣赏经霜后，傲然独存的秋菊。

为了躲避世俗之人的打扰，他搬离了上京里的祖宅，带着妻儿住在草屋八九间的园田居，一心从事耕作，过着清净俭朴的生活。

后来，草屋着火，迁往庐山栗里南村，与素心之人比邻而居。他们一起登高舒啸，把盏吟诗，日子过得惬意悠哉。晋宋易代之际，许多朋友都纷纷离开他，投身官场，他深感寂寞，却始终没有放弃自己的归隐之路。

他选择在南村隐居到老，将山水田园作为自己最终的归宿。

“少无适俗韵，性本爱丘山。”最终的选择取决于他的天性，比起世俗名利，他更喜爱世外的山水和苍老的渔歌。他喜欢行走于田间的阡陌，笑看满坡的青黄，喜爱榆柳成荫的屋檐，以及屋檐下开出的野花。他喜欢于屋内抚琴读书，于书中畅览山海，俯仰天地。

寄身田园，使他忘却了经纶事务，悠然自得地找回了自己的少年心。

年华老去，繁华落尽。平淡的岁月承载了浪漫的宣言，寂然的足音缠绕成那个季节不绝的声音。他将白衣飘飘的往事停泊于沉默的字句，饮酒佯狂写出荡气回肠的诗篇。

茫茫人生中，他亲身实践着“抱穷守志”的诺言，以生命之火烛照人生旅途。经过岁月的打磨，他的文字变得愈加深刻。

他是第一个将田园生活融入山水之中的诗人，他是第一个隐居山林却又亲事耕作的诗人，他也是第一个把“饮酒”的意义阐释得最为丰富的诗人。

行走在现代文明中的人，离自然越来越远。可是，人类的心愿从古至今都未改变。我们身居繁华的市井街巷，却时常想要远离喧嚣与聒噪。我们向往他居住的南山，那片绽放着大朵金色菊花的隐居之地。我们渴望走进陶渊明笔下的桃花源，像他一样“心向山水，诗归园田”。

第一章

云烟红尘，寒门世家

有人喜欢花草树木，流连于山水田园之间；有人钟情于诗酒琴茶，于陋室之中亦能享受无穷乐趣。在这纷繁喧嚣的尘世，倘若心中有所追求，有所寄托，内心才不至于荒芜。

纷纷乱世

光阴似水，乱世流年。

蓦然回首，已不知世事几度更迭。

昔日王谢堂前的燕子，飞入窄窄的乌衣巷；朱雀桥边的野草野花，在晨风中轻轻摇曳。

我们踯躅于历史的街巷，时而看灯火阑珊，时而叹往事如烟。曾经的亭台楼阁已不可寻觅，无声无息地化作风中的尘埃；曾经数不尽的风流人物，也早已被大浪淘尽，留在了历史的彼岸。

辉煌也罢，衰颓也罢，细细品来，不过是一场又一场错乱的相逢；功名也罢，爱情也罢，最初都是以华丽的面目登场，却逃不脱黯然退场的命运。

于是，便愈发珍惜如今的静好岁月，只愿守着一方庭院，一间书斋，守着自己心爱的人，度过波澜不惊的一生。深谙自己只是红尘中一个微不足道的女子，有小欢喜，亦有小悲切。然，庸常俗世，亦躲不过沧海桑田，世事多艰，只愿初心依旧从容不变；纵使外面灯红酒绿，车马喧嚣，我只欢喜于素净的书页中寻找那个属于自己的世界。

我所钟情的诗人，他早已告诉过我“心远地自偏”，他是如何在那残忍的岁月中隐忍度日，如何在纷纷乱世之中守节自持？陶潜，这个东晋时期高蹈出世的诗人，为我的心开辟了一片广阔美好的世外桃源。

然而，理想与现实，总是存在无限漫长的距离，追逐光明的脚步总是在漆黑的隧道里跌跌撞撞。陶潜，我所热爱的诗人，他也曾是那个上下求索而屡屡受挫的人。

当我的指尖不经意间划过记载着那个时代的古籍书页时，才知道，那是一个比我想象中还要黑暗的时代。《晋书》《南史》《北史》《十六国春秋》，将我不自觉地卷入它的刀光剑影之中。

琅琊王氏的威名在耳边呼啸可闻，豪气干云的王氏兄弟王敦、王导将西晋的旁系皇族司马睿扶上龙椅宝座，为避“五胡乱华”，他们衣冠南渡，在南人势力盘踞的江左重镇建都，始称“建康”，将朝代改为“东晋”。

东晋，最初让我想到的是王羲之的兰亭，在江南的山阴，文人雅士云集于此，吟赏春天；东晋，还让我想到落在谢氏门前的那一场雪，才女谢道韫将“雪”巧妙比作“柳絮因风起”。王谢均是东晋名门。谢道韫嫁给王羲之的次子王凝之，一度成为美话佳谈。后人只羡慕王羲之的妙笔书法和名士风流，却不思量他背后那个曾经煊赫朝野又何以一落千丈的世家大族；而我只羡慕谢道韫的“咏絮之才”，以及她出自名门的荣耀身世，却不知道在东晋的门阀士族之间存在着怎样无休无止的争夺与杀戮。

王羲之是琅琊王氏的后裔，他的两位叔父王敦、王导是东晋政权的奠基人，开启了“王与马，共天下”的格局。司马睿感受到了王氏家族的威胁，在试图削弱王敦、疏远王导的同时，却反被“王敦之乱”恐吓，以至于忧愤而死。但王敦并没有胜利，琅琊王氏反而因此事受到牵连，就连没有参与叛变的王导也在朝廷中心灰意冷，从此沉寂下去。

因此，在东晋，我并不羡慕那样的门阀士族，他们不仅要肩负一个王朝兴衰的命运，还要面对政治上如履薄冰的厮杀。史书里记录了太多这样钩心斗角的故事，东晋的皇帝一个比一个命短，难道不是因为阴谋诡计，难道不是因为心怀抑郁和恐惧？

或许从选择衣冠南渡、偏安一隅时开始，东晋已是屈尊苟活的命运，自身病危体弱，矛盾重重，岂能望它以团结之力收复当日失去的山河？“五胡”的铁蹄不敢跨过长江，却能够隔江听闻对岸的内乱，观看萧墙之内燃起的战火。

那场由皇权和王氏士族斗争而爆发的“王敦之乱”之后，紧接着是“苏峻之乱”。苏峻——一个靠参与平定“王敦之乱”获得战功的流民，在直通建康的屏障之地——历阳，壮大了自己的实力。皇室外戚庾亮，心生一计，恰巧借助苏峻在历阳的兵力以削弱其他士族的力量，他诏令苏峻入京，逼其谋反，进攻建康，在政治上以达到重新洗牌的目的。

此时，陶潜的祖父陶侃凭借赫赫战功已由一介布衣成为东晋的名将，他与温峤一同受庾亮之命回京平定“苏峻之乱”，终获成功。

几度周折，“王敦之乱”“苏峻之乱”虽然最终得以平息，然而这一场又一场的内乱，使本就国力衰微的东晋雪上加霜，更让无法掌控自己命运的东晋皇帝胆战心惊，他们多是病死于最好的芳华，成了历史上最卑微的皇帝。

晋明帝平定了“王敦之乱”，却只在位四年便离世了。他的儿子晋成帝在位期间，“苏峻之乱”得到平定，但是年仅二十二岁的晋成帝突染疾病去世。之后，晋康帝继位，在位仅三年又去世了。晋穆帝司马聃十九岁英年早逝。晋哀帝因迷信长生不老之术服丹药过多，在位五年就去世。其弟司马奕继位，在位第六年被权臣桓温所废，史称“晋废帝”。桓温立晋简文帝司马昱为傀儡，把持朝政。晋简文帝只在位八个月，便病逝。晋孝武帝司马曜的死更是荒诞，竟因在喝酒时挖苦宠妃张贵人，而被对方用被子捂死。晋安帝在位九年时，干脆被桓温的儿子桓玄降为“平固王”，而后桓玄建立“桓楚”政权。

武将刘裕以“金戈铁马，气吞万里如虎”之势击败了桓玄，迎立晋安帝复位。此后，他又平定“孙恩卢循之乱”，攻灭“桓楚”“南燕”“谯纵”“后秦”等割据政权，成为东晋王朝炙手可热的人物。

东晋元熙元年（419年），刘裕毒杀晋安帝，晋恭帝司马德文继位，但很快被迫禅位并被杀害。至此，东晋王朝彻底灭亡，刘裕成功建立“刘宋”王朝，门阀专政的时代亦落下了帷幕。

当初，那个苦心孤诣的司马氏家族好不容易从曹魏手里夺得天下，却怎么也料想不到只将西晋王朝维持了短短的五十一年，更无法料到司马氏的皇孙后代竟受到这般屈辱。

合上书，掩卷沉思，字里行间泛起的腥风血雨依旧让我心有余悸。而我们的诗人，陶潜，能够于这乱世活出一派云淡风轻的姿态。我起初羡慕那些风风火火、气吞山河的勇士，钦羡门阀士族里那些峨冠博带的名流，但是在阴霾落下之时，他们无不成了被欲望与野心驱使的亡命之徒。他们躲避黑暗却又在制造黑暗，唯有陶潜，选择轻轻地挥一挥手，折返回他的茅庐。

风起天阑，星落权衰。乱世枭雄，英雄美梦。眨眼间都不过是一场虚空。

唯有月朗风清，山河美酒，诗书画卷，抵得过似水流年。

如诗人这般心中光明，自得其乐，此生复何求？

曾祖荣光

边城烽火，血浸风沙。

胡骑扬戈，啼声飒沓。

生逢乱世，纵使贵为天子也不过是权臣玩弄政治的棋子，纵使显赫荣耀的门阀也在斗争中胆战心惊。

皇宫深院，高墙金顶，昔日权倾天下、肃穆庄严的殿堂，成了囚禁人身心的牢笼；宝马香车，锦衾玉食，是腐蚀人心的毒药。因此，有人想要逃离，寻找无忧无虑、清净纯洁的世界；有人择善友而居，晤谈于一室之内，思考最本真的人生。

在云谲波诡的政治风云之外，应当存在一片闲云野鹤的江湖，人的生命可以得到自由的舒展。人们可以选择做一颗轻盈渺小的尘埃，无忧无虑，随风飘扬；亦可以满怀壮志，学做一只凌空飞翔的鸟儿。

在那个偏远的庐江郡，树木四季成荫，溪水常年不断，天空永远是那么澄澈明净。陶渊明的曾祖陶侃便来自这样一个地方。

生逢乱世，我宁愿选择这样一个出生之地，那里是遥远至无人问津的村庄，是质朴纯洁的布衣之家，而不愿意被戒备森严的宫墙深锁，被虚名浮华捆绑。人来到这个世界上，首先应该拥有快乐，否则生命将是一滩腐臭的死水。

虽然这里的人们被轻视为野蛮的溪族，然而，恰恰是古朴纯粹的环境给人无穷无尽的力量，溪族人是快乐的。他们远离政治斗争的纷纷扰扰，守护着他们原初的生命力，因而溪族人是遒劲的。

溪族少年陶侃，之所以能在后来成为军功赫赫的勇士，或许正是因为这宽松自然的条件给予他充足的成长。他先天的禀赋则来自那位曾在三国孙吴时任扬武将军的父亲——陶丹。

吴国灭亡后，陶丹为家族奠立的基业化为泡影。原以为这个不幸的家族就此没落，却不料当陶丹带着一家老小从鄱阳郡搬迁至庐江郡隐居后，成了这个家族重新出发的起点。

陶侃虽然家境贫寒，可是他不像那些目不识丁的村夫甘愿沉湎于庸常琐碎的生活，他的父亲遗留给他的那些关于丰功伟绩、出师伐国的梦想始终激励着他。父亲陶丹死后，他和他的母亲湛氏都在奋力振兴家族的事业。

史书记载，有一天，同郡的孝廉范逵来陶侃家投宿，当时冰雪连天，陶家一无所有。陶侃的母亲湛氏为了招待好范逵，只能剪掉自己的头发去换米，又砍下房屋的柱子当柴烧，还割断草席用作草料拿去喂马。到了傍晚，她终于端上精美的菜食，范逵及他的仆从都得到了很好的照顾。

对于一介寒素之士而言，为了求得一个出人头地的机会实在不易。陶侃素日以士族的要求塑造自己，这一次终于在范逵面前展露了自己的辩才，赢得了范逵的赏识。

次日，陶侃依依不舍地将范逵送至百里多远仍不愿归去。直到范逵说，到了京都洛阳，一定为他美言一番，陶侃才松了一口气。

陶氏母子几乎将全部的希望都寄托在这次来之不易的机遇之上，也许正是他们的这份执着和真诚深深地打动了范逵。

每个人的生命里，或许都曾有过这样一闪即逝的机会。我们曾经也是多么虔诚地捧着一颗心去迎接生命中这神圣的时刻，然而，最终只能与之擦肩而过。抑或，我们曾经抓住过这样的机会，在欢天喜地之后又渐渐麻木，错失了往后的一个又一个良机。

于年轻人而言，人生是一条漫无尽头的路，只抓住一次机会是远远不够的。人生是一座又一座翻越不尽的山，真正的勇士将做足翻山越岭的准备。正如孔门弟子曾子曰：“士不可以不弘毅，任重而道远。”

初出茅庐的陶侃，最开始从范逵那里求得的官职只不过是庐江太守张夔身边的一个小小的督邮，领枞阳县令。然而他在任上颇显才能，尤其因为在冰天雪地之间替张夔生病的妻子赴几百里之外去求医而广受称赞。士人的美德几乎都能在陶侃身上找到，因而他虽然被误嘲为“溪狗”，却能凭借其才能和道德令人刮目相看。

陶侃人生中所遇的第二次转机当是受到西晋名将刘弘的器重。西晋末年，张昌攻下江夏郡，旬月之间，众至三万。受命为南蛮校尉、荆州刺史的刘弘，任命刚刚在“八王之乱”中施展了军事才华的陶侃为南蛮校尉长史，领大都护，开赴襄阳，讨伐张昌。陶侃不负众望，斩敌数万，大败张昌，被封为东乡侯，食邑一千户。

此后数年，陶侃又多次出征讨伐，均获全胜。

在战争中取得一次又一次的胜利使陶侃几乎走向了权力的巅峰，成了东晋时期屈指可数的枭雄。

太宁三年（325 年），陶侃为都督荆、雍、益、梁诸州军事，领护南蛮校尉，征西大将军、荆州刺史，后又封太尉、长沙郡公，并加都督交、广、宁七州军事。

“在我中晋，业融长沙，桓桓长沙，伊勋伊德。”陶渊明在他的《命了》里这样写道。

曾祖陶侃气贯长虹的战绩和名震四海的功勋令陶渊明倍感荣耀，所以，少年时期的陶渊明也曾写过“猛志逸四海，骞翮思远翥”的诗句。

曾祖耀眼的功勋是令人难以企及的，像他这样驰骋沙场、建功立业，一生痛快淋漓真叫人大呼过瘾。然而，有多少人的一生能这般气势壮阔、激情豪放？人生更多的是时运不济、命途多舛，空有满腹才情，却毫无施展之地。才华有如暗夜里独享的珍珠，能照见自己的灵魂，却无法普照天下。

“天子畴我，专征南国。”这一句才道出了陶渊明的心声吧，正所谓“千里马常有，而伯乐不常有”。古今中外有多少失意之士都在哀叹自己生不逢时，陶渊明也是其中之一，他四十一岁之后，选择彻底与官场决绝，正是无奈之举。没有伯乐赏识的千里马不过是庸人眼里的笑话，有多少人因为那位才华横溢的盛唐诗人李白被赐金放还，而嘲笑他当初写下“仰天大笑出门去，我辈岂是蓬蒿人”这样狂妄的诗句；又有多少人像苏东坡一样受了才华的连累。

也许，陶渊明从他的曾祖陶侃身上获得的启示，并不是学会如何收获世俗的成功，他所崇拜的也不只是曾祖创立的丰功伟绩，而是《命子》里紧接着的后几句：“功遂辞归，临宠不忒。孰谓斯心，而近可得。肃矣我祖，慎终如始。”陶渊明更看重的是曾祖那种乘势而起、功成身退的智慧。

他在《命子》中写出“凤隐于林，幽人在丘。逸虬绕云，奔鲸骇流”。以及“时有语默，运因隆窊”这样的句子。在梳理家族历史的过程中，陶渊明发现，一个家族的命运是随着时代的改变波澜起伏的，而人在其中所能做的便是懂得“用舍行藏”的道理。

陶侃一生战功赫赫，最终还帮庾亮平定了苏峻之乱，保住了东晋王室的地位，然而他还是遭受了当时士族们的轻视与排挤。

曾经，陶侃与羊晫同车去拜访东吴名士领袖顾荣，被吏部郎温雅看到，后者讽刺羊晫："奈何与小人同载？"甚至在古稀之年，陶侃还被温峤称作"溪狗"，这仅仅因为他是寒素出身。晋代的门第之见是很深的，像陶侃这样没有家世背景做支撑的人物，在名士们的眼里不过是草莽英雄。而他又是以县吏进入仕途，以军功致高位，这派一往无前的实干作风，让高高在上的士族们感受到了威胁。他们一方面无力抵抗晋王朝江河日下的命运，要借助陶侃这样的军阀维持自己的势力；另一方面却以玄雅风流自居，尚清谈玄远，瞧不上身体力行的陶侃。

咸和七年（332 年），陶侃病重，辞去了官职，两年后去世。他生前的功勋也一并随着他的去世陨落了，只记载在几张薄薄的纸页上。

陶侃死后，由于庾亮等门阀士族的打压，陶氏家族很快就衰落了。不过，陶侃给陶氏家族带来的最大影响不在于政治地位，而在于宝贵的精神财富。

先师遗训，余岂云坠？
四十无闻，斯不足畏。
脂我名车，策我名骥，
千里虽遥，孰敢不至！

——《荣木》（节选）

"先师"指的是孔子，陶侃之后，陶家形成了这种自强不息，反对浮华游惰的家风，在陶渊明的心中埋下了美好的种子。

外祖遗风

万里月华，寒夜有风。

青山月影，流水悠悠。

红尘陌上，渊明，你一路寻觅。忆起先祖们当年斩关夺隘、仗剑倾城，忆起他们风流倜傥、气宇轩昂。那一段历史，那样的人，缘何转瞬化作吉光片羽飞去，只留下一个孤独的你，于这人世间寻寻觅觅。

沐浴在先祖们给自己留下的一点点微光之中，你反复咀嚼吟味，与思念轻轻相拥。在风与雪的回眸中，一边叹息流泪，一边厮守着这一盏点亮了你孤独心灵的灯。

寻根，在历经了半世风尘之后，是为了找寻一个精神的寄托之所，心灵的栖息之地。

渊明，在你辞官归来之后，在荒凉的清冷之夜，在僻静的茅庐小屋，你动情地回忆着那一位“名冠州里，声流京师”的外祖父，写下了长长的《晋故征西大将军长史孟府君传》。

你原本以为，比起你的外祖父，自己不过是一个无名无姓的酒徒，世人将会通过这一篇传记了解到你的为人，你也曾受过这等名流的熏陶，血脉里流动着他的高贵与非凡。然而，事随时易，你的风雅与宁静早就流传千古，化作一曲曲颂歌，你的名气已经超越了你心中无法企及的人物。

你用你光辉的笔墨向我们娓娓诉说你的外祖父高风亮节的一生。

陶渊明的外祖父孟嘉，是东晋一代名士。

孟嘉才思敏捷，学识渊博，气度不凡，是一位温润儒雅的文士。他的曾祖父是历史上非常有名的孟宗，在三国时代官至吴国大司空，以孝行著称于世。《二十四孝》中“孟宗哭竹”的故事讲的就是孟嘉的曾祖父孟宗。传说孟宗的母亲生前喜欢吃笋，孟宗在冬节祭母时，因笋未生而入林哀叹，林中便有新笋破土而出。

孟嘉的祖父孟揖做过庐陵太守，作为吴国旧臣的后人能做这样的官，主要仰仗家族的德望。

孟嘉虽出身名门，但家境贫寒。年少时父亲去世，他在供奉母亲的同时，还带着两个弟弟潜心读书，终有所成。

陶渊明在《晋故征西大将军长史孟府君传》中这样描述自己的外祖父：

君讳嘉，字万年，江夏鄂人也。君少失父，奉母二弟

> 居。娶大司马长沙桓公陶侃第十女，闺门孝友，人无能间，乡闾称之。冲默有远量，弱冠，俦类咸敬之。同郡郭逊，以清操知名，时在君右，常叹君温雅平旷，自以为不及。逊从弟立，亦有才志，与君同时齐誉，每推服焉。由是名冠州里，声流京邑。

孟嘉的名士风范不仅使同郡的文士对他钦佩有加，而且赢得了诸如庾亮、桓温等人的赏识。这些人对陶渊明的曾祖父陶侃甚是鄙夷，对孟嘉却十分赞赏，只因后者出身高贵，且具有名士风流。

建元二年（344 年），因为声名日甚，孟嘉被庾亮辟为庐陵郡的从事，从此步入仕途。在庾亮的幕府中，孟嘉深得器重。此后，孟嘉又分别担任过安西大将军功曹、江州别驾、巴丘令等职位。关于孟嘉的形象，在陶渊明为其所写的《晋故征西大将军长史孟府君传》中有两则轶事，极能显示其名士风度。

> 太尉颍川庾亮，以帝舅民望，受分陕之重，镇武昌，并领江州。辟君部庐陵从事。下郡还，亮引见，问风俗得失。对曰："嘉不知，还传当问从吏。"亮以麈尾掩口而笑。诸从事既去，唤弟翼语之曰："孟嘉故是盛德人也。"君既辞出外，自除吏名，便步归家；母在堂，兄弟共相欢乐，怡怡如也。

庐陵从事，是庾亮都督府中分管有关庐陵郡事务的官员。孟嘉从庐陵郡考察归来，庾亮问他郡中事务，理应汇报述职，他却说回到传舍再问从吏，这便是名士“居官无官官之事”的派头，因此，尽管失职，却更得庾亮赞赏。

还有一件更广为流传的事——龙山落帽。

桓温十分欣赏孟嘉的才华，任命他为参军。重阳节来临之际，桓温带亲眷部属到附近龙山赏菊，并设宴与众人把盏共话佳节。一阵风吹过，孟嘉的官帽被吹落，而他自己浑然不觉，周围的同僚想提醒他，桓温则用眼神示意大家不要作声，看他会如何处理。

过了许久，孟嘉仍未发现官帽掉落，还起身如厕。桓温便命人将帽子取回，还叫人写了文章来取笑孟嘉。等孟嘉回到座位，看到别人写的戏谑文字，马上叫人拿来纸笔予以回应。只见他未做任何思考，便写成了一篇洋洋洒洒的文章，才思敏捷，文辞超卓，众人看了之后都自叹不如。

此事一时传为佳话，后来成了诗文中经常出现的典故。后人以“孟嘉落帽”“落帽参军”等形容文人才思过人、风姿卓然。就连唐代的大诗人李白在游历龙山时，也写下过“醉看风落帽，舞爱月留人”的诗句。

永和元年（345 年），孟嘉厌倦了官场，心生退隐之念。兵部委任他为尚书删定郎，他没有推辞，却也没有上任。后来，晋穆帝司马聃因其美名，希望见他一面，也被他推辞了。第二年，孟嘉辞官回乡，终于远离束缚，开始了悠闲的退隐生活。

孟嘉脱略形骸、放浪形骸的性格对陶渊明的精神气质影响是极大的。

陶渊明在《晋故征西大将军长史孟府君传》中这样写道：

> 好酣饮，逾多不乱。至于任怀得意，融然远寄，傍若无人。
>
> 温尝问君："酒有何好，而卿嗜之？"君笑而答之："明公但不得酒中趣尔。"又问听妓，丝不如竹，竹不如肉，答曰："渐近自然。"

陶渊明好酒，深谙酒中之趣，孟嘉亦是如此。

渐近自然，是孟嘉追求的境界，也是陶渊明追求的境界。

门衰祚薄

时光若水，穿尘而过。

往事随风，曲终人散。

走过春风十里，看过繁华苍凉，才深知欢娱苦短，世事难测。

昔日美好的红尘往事，转瞬已成空。

陶侃死后，陶氏子弟开始争夺财产和爵位。身为世子的陶夏杀了弟弟陶斌。

这让一直想要打压陶氏家族的外戚庾亮抓住了把柄，他向皇帝奏疏陶夏的罪恶。

五年后，陶侃的另一个儿子建威将军陶称忽然被庾亮任命为南中郎将、江夏郡长。陶称闻之大喜，在自己的两百卫兵护卫下，前往武昌晋见庾亮，向他道谢。

不料庾亮当众斥责陶称前后所犯的过失，并将他收捕，判弃市刑，立即执行，然后才上表疏给成帝例数他的罪状。比如陶称在他父亲陶侃死时，不居丧，荒耽于酒，昧利偷荣。比如和将军郭开一起到长沙为其父陶侃奔丧，路上怀疑郭开归附陶侃其他的儿子，竟将郭开反绑帆樯之上，并用弹弓弹射他。“观者数千，莫不震骇”并声称陶称“不忠不孝，莫此为甚”。

陶称的真正死因，或许只是因为陶称是陶侃的儿子。庾亮与陶侃不和，时人皆知，陶称为人骁勇，手握强兵，也为庾亮所忌。

在此前一年，庾亮打算利用其占据东晋上游的兵力，联合郗鉴，罢黜皇帝身边的重臣王导。而陶称将这一消息透露给了王导。

此次庾亮的“突然诛杀，完全报复私仇”。

史册上载，陶侃有十七个儿子。但翻阅史书，发现陶侃的儿子们除战死或早死之外，其他著之于史册的却多因种种原因“非正常死亡”了。

陶氏家族虽因陶侃个人努力而爬上了东晋统治王朝的金字塔顶，但草根的出身，仍然无法使这个励志青年繁殖起来的小家族改换血统，变得出身高贵。

东晋王朝仍是司马氏和来自北方的王谢庾桓四大家族共享的天下。

庾亮作为皇帝的外侄，和陶氏家族相比，在政治地位上具有天然的优势，他被分派到陶侃曾经掌控的荆州后，当然要打压握有兵权、盘踞荆湘多年的陶氏家族。

陶氏家族的没落无不跟门阀士族的打压有关。以至于后来，再无像陶侃那般跻身仕途、叱咤风云的武将，却出现了像陶淡、陶渊明这样的隐士。

陶氏家族中出现的第一个隐士当是陶渊明的叔父陶淡，陶淡是陶夏的儿子。

陶淡的父亲陶夏当年因为杀了自己的叔父陶斌而被庾亮奏请皇帝治罪，那时候陶淡才刚刚出生，父亲便死了。

陶淡生性淡泊，喜欢离群索居，“于长沙临湘山中结庐居之”，为躲避州郡长官的征辟，最后竟然躲到了深山之中，“终身不返，莫知所终”。和陶渊明比起来，叔父陶淡似乎更为坚定地想成为一位“隐士”，且热衷于“修仙”。

陶淡的这种作风和当时流行的风气大有关系，魏晋时期，许多名士都信奉道教，相信人通过修炼可以飞升成仙。陶淡曾经拜东晋著名的道教学者和炼丹专家葛洪为师，十五六岁便一心修仙，“服食绝谷”。他对家中积累起来的万贯家财视而不见，终身不娶妻，只与一只白鹿相伴。亲朋好友们来拜访他，他都要躲起来。

陶渊明隐居的目的虽然不在于“修仙”，却和叔父陶淡一样，是为了躲避那个束缚身心的世道，求得一份内心的清净。

隐士们避开浮华之世，选择独善其身。他们走入深山旷野，开始修行自我。

陶淡的“修仙”，亦是一种修身，他已然达到了不图碎银几两，只图清静无为的高尚境界。

有人说，相较于陶淡，陶渊明不能算是一个真正的隐士，因为陶淡的隐匿是主动选择的，而陶渊明是被动退出仕途，才走向了归隐的道路。

然而，我倒觉得陶渊明的归隐要比陶淡更艰难一些，陶淡“幼孤”，终身不娶，自然于亲情了无牵挂，便无须在出世与入世之间徘徊，况且他还有“家累千金，僮客百数”傍身，更无须担心自己的生计。陶渊明则是若想求得“五斗米”便得折腰，对于一个心怀高尚志趣和节操的士人来说，这无疑是痛苦的，最伤人自尊的。

真正的隐士难道就必须是仙风道骨，不食人间烟火，喜怒不形于色的吗？还是应该知进退、讲人情、懂怜悯，在世间万物变化中拥有喜怒哀乐，面对任何事物都能保持自我，守住本心？

陶渊明是后者，他既不是那沽名钓誉之辈，亦不是弃尘绝俗之人。他是一个能够自食其力，又有生活情趣的人。

他既能躬耕于南亩，戴月荷锄，又能品酒写诗，吟赏烟霞。

孔子说，真正的隐士应该具有“耿介拔俗之标，潇洒出尘之想”。他还说：“天下有道则见，无道则隐。”

陶渊明便属于此类，他是真正的隐士，不会像那些假隐之人，在名利面前纷纷倒戈，亦不会只求一个人得道升仙，而忘记了这尘世间的芸芸众生。他甚至不认为一个隐士必须迁居山野，只要能够在尘嚣之中，时时莫忘涤荡易污的心灵，辛勤耕耘属于自己的一方心田即可。正如他在《饮酒·其五》中写的那样：

结庐在人境，而无车马喧。
问君何能尔？心远地自偏。

生于柴桑

自陶渊明的曾祖陶侃死后，陶氏一族从京师迁往浔阳郡的柴桑县居住。

柴桑地处庐山南麓，近山临水，风景秀丽，十分宜居。

历史上，柴桑具有重要的军事战略地位，是兵家必争之地。

春秋时期，柴桑还是楚国东线重镇，不远处就是吴国地盘，号称吴头楚尾。

三国时，曹操占荆州后，诸葛亮星夜过江，赴柴桑见孙权。周瑜死后，诸葛亮不顾危险，亲临柴桑吊丧。

孙权割据江东，柴桑紧临刘表控制的荆州，一旦柴桑为敌所占，孙权的“江东六郡八十一州”就要换老板了。

东晋时期的柴桑仍属于一线重镇，只不过处于乱世之中，这里兵连祸结，生活并没有那么美好。

陶氏家族之所以选择迁居于此，或许是因为陶侃曾经在江州担任过刺史，而江州的省会就在柴桑。

陶渊明出生于柴桑，他的母亲是东晋名士孟嘉的第四个女儿，父亲是陶逸，祖父是陶侃的儿子陶茂。

陶茂做过武昌太守，陶逸则赋闲在家，并无官职。陶渊明恬淡的性格与其父多少有几分相像。

关于他的父亲，史料记载有限，我们只能从陶渊明的《命子》里知道他是一个“淡焉虚止”“冥兹愠喜”的人物。陶渊明很欣赏父亲的这种风度。

在那样一个战乱不安的社会，陶渊明的父亲能够保持这种“安定自若”的姿态，已是非同凡响。魏晋时期的士人所追求的这种人生态度，无疑是对黑暗时代的反抗。愈是混乱的社会，愈是处变不惊。这是一种高明的处世哲学，亦能显露出知识分子身上高雅的气质。

虽然，在陶逸身上没有留下诸如他的老丈人孟嘉“龙山落帽”这样的风雅趣事，但陶逸的志趣当是与孟嘉相投。

时光飞逝，在陶逸看来，父辈们搬迁至此地的情景依稀在目，转眼已经有数十年了。他时常于园中慢慢地走着，抬头仰望遮风挡雨的屋檐；时常于山坡上沐风远眺，看落日余晖，任无限美好回忆涌上心头。

在一个地方待久了，便慢慢习惯了那里的生活，仿佛一草一木、一砖一瓦，都留有自己的印记。

陶逸甘愿生活在这样的地方，过着宁静的日子。

东晋哀帝兴宁三年（365 年），陶逸和名士孟嘉的女儿所生的儿子出生了，他给这个孩子取名为“渊明”。

陶渊明出生的时候，东晋已经偏安四十八年，朝廷日渐式微，陶氏家族也再难以诞生出像陶侃一样的人物。陶逸的父亲陶茂尚且能够做南昌太守“惠和千里”，但陶逸自己只能“寄迹风云”了。陶逸内心十分清楚，这样的衰败或许还会再进行下去，他看到了东晋这个朝代的命运，亦清醒地认识到自己家族在这个时代艰难的处境。

陶逸希望儿子能够在犹如幽暗深水的社会之中闪现出内在的生命光亮。“渊明”这个名字还包涵更为蕴藉的哲学意味，那就是道家经典中“知白守黑”的道理。

或许，在陶逸看来，“知白守黑”不仅是天地万物孕育演化的基本法则，更是人生在世安身立命完善而又完美的最高境界。他自然期望他的儿子能够践行自己最理想的道德品格。

后来，我们观察陶渊明的一生，一切都如其父亲陶逸所期盼的那样，身体力行地实践着“知白守黑”这一理想道德，因而能够在穷通、荣辱、贫富、显隐以及生死、醒醉、古今、言意之间身心和谐，意态从容。

陶渊明一生中的大部分时光都是在柴桑度过的，他在这个生于斯、长于斯的地方留下了许多脍炙人口的文章。柴桑的山水滋润了他的心灵，养成了他生性淡泊的性情；他亦给柴桑这座小城增添了无尽的文化意味。

柴桑，是陶渊明的故里，因此，很多人慕名而来。唐代的白居易，这位被贬为江州司马的落魄诗人，就曾经在贬谪期间寻访过陶渊明的旧宅，写下《访陶公旧宅》一诗：

> 我生君之后，相去五百年。每读五柳传，目想心拳拳。
> 昔常咏遗风，著为十六篇。今来访故宅，森若君在前。
> 不慕尊有酒，不慕琴无弦。慕君遗荣利，老死此丘园。
> 柴桑古村落，栗里旧山川。不见篱下菊，但余墟里烟。
> 子孙虽无闻，族氏犹未迁。每逢姓陶人，使我心依然。

乱世出英雄，乱世也出文艺天才。东晋被现代人称为“中国的文艺复兴时代”，由于玄、佛思想的流行，东晋在文学、绘画、音乐、书法领域普遍体现出超越尘俗、超越功利的精神，而文艺正是超越功利的。

陶渊明出生的时候，大书法家王羲之、大画家顾恺之、雕塑家戴逵都还在世，尽管大诗人郭璞早已去世几十年，但玄言诗人孙绰、许询，咏诗诗人袁弘还在世。后来又诞生了谢灵运、鲍照等著名山水田园派诗人。

于政治前途而言，陶渊明是苦闷的，暗淡无光的，然而于文艺领域而言，他并不寂寞。那正是一个属于文艺的时代，属于诗人们的时代，是一个从未有过的艺术创作达到高度自觉性的时代。

陶渊明从幽暗社会中寻找到的那丝生命的光亮，便是诗歌。我始终相信，今生，与你心心相印，令你所痴迷的事物，定是与你结下了某段不解之缘。

有人喜欢花草树木，流连于山水田园之间；有人钟情于诗酒琴茶，于陋室之中亦能享受无穷乐趣。

在这纷繁喧嚣的尘世，倘若心中有所追求，有所寄托，内心才不至于荒芜。

正是生于乱世，苦难成了这些诗人最好的老师，诗歌成了他们的寄托之物。

生性志趣高洁的诗人，自主选择放弃奔向世俗的功名利禄，于文艺上开辟出一条新路。陶渊明，是东晋末伟大的诗人，他不仅用诗歌照亮了自己的人生，亦让诗歌普照了整个时代。

第二章 意气风发，懵懂年少

生活于自然之中，耕自然之地，读自然之理，体验自然之大道，并以此成就人生之理想、精神之高洁、人格之完善，此乃人生最逍遥的境界。

孤贫少年

浩瀚苍穹，斗转星移。

花开花谢，潮来潮往。

世间万事万物都是因缘和合，一切万法依靠缘起生成，也会随着缘灭消减。

人的生老病死、爱恨别离，也就成了生命的自然现象，应该平淡从容地面对。就像那位在妻子死后击缶而歌的庄子，将死和生等同视之。

不过，对于常人来说，死亡依旧是一件令人感到痛苦的事情，毕竟生死是一件大事。

八岁那年，死亡突如其来地在陶渊明的心上留下了淡淡的阴影，他的父亲陶逸去世了。可能是因为当时年幼，那种生死离别的惨痛还不足以唤起陶渊明深刻的记忆。陶渊明从未在自己的诗中写到父亲的死，但是陶逸死后，家境就越发没落，他们的日子也过得十分艰难。

家里除了生母、庶母和庶母所生的女儿，就只剩下陶渊明一个男丁。而他又尚且年幼，不足以支撑起一家人的生活。幸好那时候，他的外祖父孟嘉还在世，给了他们相当的接济。尽管如此，陶渊明还是不得不亲自下乡务农，以维持生计。

外祖父孟嘉饱览群书、谈吐风雅，陶渊明在他那里受到了很好的启示。他渴望通过读书改变自身以及家族的命运，希望成为一个像外祖父那样受人尊敬的人；他亦接受父亲生前的教诲，要做一个自食其力的人，通过躬耕来给自己留一条退路。于是，从那时起，他便开始了半耕半读的生活。

自然，年幼的陶渊明没有想过，此时的东晋已经形成了“上品无寒士，下品无士族”的政治格局，通过读书根本无力改变陶氏家族的命运。但是外祖父孟嘉仍旧鼓励陶渊明读书，或许是他早就看出了这个孩子身上非凡的天资。

和母亲、庶母、妹妹生活在一起的陶渊明，成了家里小小的男子汉，成了全家人的希望和依靠。他比一般的孩子表现得更为成熟，性情也十分淡定。

母亲陶孟氏感到十分欣慰，经常满怀期望地说，陶渊明的这种性格极像他的外祖父孟嘉，也像他的父亲陶逸，他日当自成一代名流。

早年丧父的悲痛不经意间落入陶渊明的生命中，就像是一颗小小恶魔的种子，刻意折磨着这位少年。他只能和他的两位母亲，还有他的妹妹彼此守护着，在那个风雨飘摇的时代，在那座并不起眼的乡间小屋，挨过一个又一个的漆黑的夜晚。因此，他比任何一个人都知道亲情的可贵，他也深深地热爱着自己的这三位所余不多的亲人。

父亲死的时候，陶渊明八岁，他的庶母所生的妹妹只有五岁。妹妹扎着两个小辫子，忽闪着一双天真烂漫的大眼睛，看到母亲哀嚎哭泣，泪珠亦止不住从她的眼睛里落下。

父亲的死散发出长久而凝重的悲伤，浸透陶家的每一处角落。他的庶母终日以泪洗面，因思念父亲陶逸而逐日成疾。生母孟陶氏怜悯程氏妹，经常将她抱入怀中，轻声安慰。

虽然陶逸的死给这一家人带来巨大的悲痛，但是，对于陶渊明来说，未必不是历练人生的开始。人们总是在想，像陶渊明家这样孤儿寡母的生活未免太过凄凉，然而乐观的人总是心向暖阳。书是陶渊明的精神食粮，躬耕亦是修身养性的最佳途径。

通过耕作，他不再是那种“四体不勤、五谷不分”的人，虽然他受到了时代风习的熏陶，士族文化的教养，具有了同士族们一样的生活习惯和生活意识，但是年少穷苦导致的躬耕，使他比当时士族更多了一份对底层劳动人民的同情。这是他的人格和作品之所以能够超越时代的最宝贵之处。

父亲死后四年，也就是陶渊明十二岁那一年，死亡的阴影又一次笼罩了陶家，他的庶母在度过了许多个哀伤抑郁的岁月之后，最终还是撒手人寰了，只留下才九岁的妹妹。

父亲与庶母的早亡让陶渊明过早地感受到人世间的无常，从那时候起，或许他就已经在思考该以何种姿态去面对这样的人生。

与四年前父亲陶逸死去相比，庶母的离去更令陶渊明印象深刻，因为四年来，他已渐渐成长为一个有主见的少年，躬耕田亩让他知道一粥一饭来之不易，饱览诗书让他更通晓人情世故。命运之神早早地给这位少年打开了智慧的心窍。于是，他比任何人的内心都要柔软敏感。

庶母生前虽然因清贫悲哀的生活而常年体弱多病，但是对陶渊明关爱备至，她将陶渊明视如己出，她知道陶渊明是陶家唯一的长子，肩负着这个家族兴衰荣辱的使命，而自己嫁给陶逸之后，给陶家只留有一个女儿，她时常为此感到悲伤，觉得人生实在有所缺憾。终日被这种忧伤的情绪萦绕，她的生命便不知不觉沉入了更加悲伤的基调。

她对自己的女儿教育有方，常常教她尊敬兄长、孝敬长辈。程氏妹从小乖巧懂事，经常帮助陶孟氏做一些女红，颇受陶孟氏喜爱，陶孟氏自己未生得如此可爱的女儿，因而对程氏妹呵护有加。两个母亲在她们的丈夫陶逸死去之后，共同用爱养育这一对儿女。

陶氏兄妹，亦手足情深。陶渊明教程氏妹写字读书，带着她一起去户外辨识草木虫鱼之名；程氏妹则已经学会了制作小小的点心，经常提着竹篮送给田亩边正在耕作的陶渊明。

对于年纪仅差三岁的陶氏兄妹而言，他们是兄妹，亦是知己。人生的风风雨雨曾经一同侵袭着这两个小小的人儿，他们的生活孤贫交加。然而，在每一个雄鸡破晓的黎明，他们都迫不及待地醒来，催促彼此起床、读书、干活。在那些微风不燥的午后，他们坐在一起谈天说地；在暮色笼罩四野的夜晚，他们紧紧地牵着手慢慢爬到门前的缓坡，去寻找那颗最闪亮的星星，思念着他们已故的亲人。

面对浩瀚的宇宙、流离的乱世，因为同系一根，他们不再四处飘零、流浪。当无数的人们为生命感到悲哀之时，这两个小小的人儿已经学会用他们的爱去化解一切。

风轻轻吹过少年的鬓角，苦难似乎是莲叶上的露珠于岁月中悄悄隐去，美好的心灵让清贫而瘦弱的少年变得顽强而坚韧，譬如每一棵于暴雨后依旧疯狂生长的小草。

山居童年，因为陶氏兄妹的彼此关爱而变得温暖浪漫。

沉醉诗书

世事艰辛，人生百味。

于风雨兼程中，感受人世间种种苦味。

生活的失意，让人愁肠百结；酸甜苦辣的诸般体会，使人灰心丧气。唯有读书，带给人喜悦与慰藉。

与书本为伴，即便是身处偏僻的山村，居住在简陋的茅舍，亦能感受到精神上的富足。

读书，需要一份闲心，于浮躁的世界中静下心来，抛却身外俗务，虚掩柴门，静坐书房，两耳不闻窗外事，一心只沉浸在书本的海洋之中。

如此看来，越是清静的环境越有利于读书，越是单纯美好的心灵越能够体会读书之乐。

因此，山居岁月是最适合读书的时光，而年少之时正是读书的最佳季节。

少年陶渊明十分喜爱读书，他在《饮酒·其十六》中写道：“少年罕人事，游好在六经。”一个怀着赤子之心的少年，在山村中生活，除了自己的亲人，平日很少与人交往，书本是他最好的伙伴。

六经是儒家经典，凡是古代的读书人必须接受儒家经典的教育，方能修身、齐家、治国、平天下。陶渊明少时心怀济世之志，深受儒家思想影响。然而，当时的人所读之书仅局限于老庄之说，并且都是浅尝辄止，只是拿来在清谈时作为一种学识的卖弄罢了，并无多少人是真才实学。陶渊明则不同，他通读儒家经典，是为了能在书本中汲取有用的智慧，为将来走上仕途、光耀门楣打下基础。

这和他的家族使命是分不开的，陶渊明的曾祖陶侃曾经官至长沙郡公，在政治上取得过很高的地位，只是他死后，陶氏家族迅速没落，陶渊明难免会有重振家族的想法。

少年时候读书是最快乐的，那时候还没有感受人心险恶、世道浑浊，心思也更为宁静。

虽然读六经是出于功利目的，但真正走入书本，却让人怡然自得。

陶渊明在《五柳先生传》中写道：“好读书，不求甚解。每有会意，便欣然忘食。”他说自己读书“不求甚解”，实际上是一种很高的读书境界。

陶渊明读书当有两个法门：对待不同的书，他有精读、略读，又有深读、浅读。故而能够做到多、广、博与精、细、深的统一。

陶渊明读书不只是为了求得功名，更多是出于天生的喜欢。他不仅“游好六经”，而且也读《山海经》《穆天子传》等奇书。

将六经读倦之时，他便找来轻松有趣的书作为排遣。《山海经》是我国古代第一本志怪小说，里面记载的都是珍禽异兽，祯祥山川，馨香草木之物。身居僻静的山村，既无管弦之音，又无丝竹之声，唯有手头的书可以用来打发寂寞的时光。

虽志怪小说是消遣之物，但陶渊明对它们是极度钟情的。他将《山海经》读得十分通透，并且在晚年还特意写下了《读山海经》十三首。

他在《读山海经·其一》中写出了读书时无比惬意的心情：

孟夏草木长，绕屋树扶疏。众鸟欣有托，吾亦爱吾庐。
既耕亦已种，时还读我书。穷巷隔深辙，颇回故人车。
欢然酌春酒，摘我园中蔬。微雨从东来，好风与之俱。
泛览周王传，流观山海图。俯仰终宇宙，不乐复何如！

陶渊明认为，最适合读书的季节，或许是在夏季。

孟夏时节，草木葳蕤，屋舍之侧，绿树浓荫。茂密的树荫正好成了鸟儿的寄身之所，陶渊明为它们感到高兴。一想到自己也像这些鸟儿一样，拥有这世界上虽简陋却清幽宜人的唯一居所，便心满意足，倍加珍惜。

他在《与子俨等疏》中，更是对夏日的读书时光做了详细的描绘，令人心驰神往：

> 少学琴书，偶爱闲静，开卷有得，便欣然忘食。见树木交荫，时鸟变声，亦复欢然有喜。常言五六月中，北窗下卧，遇凉风暂至，自谓是羲皇上人。

夏日树木交错成荫，飞鸟轻轻展开洁白的翅膀，于碧色的天空中盘旋飞翔，如羽毛般轻盈地歇落在枝头。鸟鸣声十分欢快，有时候像是吹着嘹亮的哨音，有时候像潮水般汹涌而至。

陶渊明居住在小小的茅庐中，身边被一派生机勃勃的景象所环绕。在炎炎夏日里难免因阳光太过灼热而让人心烦意乱，然而不知是哪位先人在屋子四周栽下浓密果树，如今已经长成参天大树，守护着、遮蔽着小小的茅庐，使之增添了几分荫凉。

就这样，原本简陋的屋舍，成了最好的避暑胜地。

陶渊明悠闲地躺在北窗下面读书，凉风轻轻吹过，身心都感到十分舒畅，于是恍恍惚惚地迷恋上了书中的情节，像做梦一般的，灵魂也变得轻盈起来，像展翅飞翔的鸟儿，自由自在地翱翔在一片无人能及的理想世界里，随着书中文字的指引，他遇见了那来自远古的德高望重的人，与之进行了一场深情的邂逅。

此种美妙，唯有读书之人方能体会。

读书令陶渊明超脱于尘嚣之上，耕作则使他修身养性，既耕亦读的生活恰好满足了他远离喧嚣的愿望。

他时常采摘园中亲手所栽的新鲜蔬菜，对酌春酒。屋外，细雨迷迷蒙蒙地下着，随着温润的东风飘向他的窗台。在窗前眺望，轻轻柔柔的雨帘之外，连绵起伏的远山隐约可见，他整个人就像是遁出了喧嚷红尘，沉醉在这烟雨迷蒙的风景之中。

他亦时常携带自己的书本出去耕作，趁风和日丽，将户外天地当作自己的一方书斋。他既精心呵护着自己栽种的豆苗，又在休憩之时，翻开书卷，呷一口茶水，惬意地坐在田间地头，泛读着《周王传》，浏览着《山海经图》，俯仰之间，神驰今古，世间万事皆在心中。

这种自给自足、悠然自得的耕读生活成了后代文人仰慕和仿效的生活范式。

扬州文人石成金编撰《传家宝》说：“人生在世，惟读书、耕田二事是极要紧者。”

“耕读传家”，既学做人，又学谋生。既耕又读，方能使书读得更为透彻，使做人做事的道理了然于胸。

生活于自然之中，耕自然之地，读自然之理，体验自然之大道，并以此成就人生之理想、精神之高洁、人格之完善，此乃人生最逍遥的境界。

善弹无弦琴

年少时读书，觉时光安然，岁月静好。

手捧书卷，伏于案头，仿佛春蚕啃食桑叶，又似鱼儿畅游于知识的海洋。

六经虽晦涩难懂，然反复咀嚼，亦感趣味无穷。

文字的魅力穿越时空，如四季的风，于山外之山、楼外之楼吹来，夹杂着历史的烟雨，少年的心变得迷蒙和深情起来。

音乐亦复如是。轻抚古琴，千年的乐曲深藏悠远的意蕴，不知不觉为你敲开一个清冷而又恬淡的世界。

“少学琴书”，陶渊明在《与子俨等疏》中写到年少时他最大的两个爱好便是弹琴和读书。“弱龄寄事外，委怀在琴书。”在《始作镇军参军经曲阿》中，他又写到小小年纪的他不问俗世，一心将自己的情怀寄托在琴书之中。

你可以想象，深林之中有一僻静屋舍，人迹罕至。北窗之下，衣袂飘飘的少年端坐于长桌前，眉宇间透出几分清秀之气。少年的手很美，虽因耕作而长出老茧，然指节纤细且修长。他刚刚从诗经里面读到一个意境迷人的章节，便打算将之弹唱出来。琴已备好，点燃一根松香，香气袅袅婷婷。他顿时灵感备至，便轻抚古琴，深情地弹奏着。

琴声吸引了朝夕相处的鸟儿，它们纷纷盘旋于他的窗前，似是为琴曲伴舞。甚至有鸟儿停在他的肩头，因为这素净的粗布衣衫里住着一颗高雅的灵魂。

陶渊明没有惊扰鸟儿，只顾沉醉在自己的琴声之中。

弹奏完毕，夜已深沉，群鸟都已睡去，但古琴余音未绝，他意犹未尽。

琴弦断了，他一时无力更换，只能抱着这无弦的琴抚弄一番，借以抒发心中触发的情感。虽此时古琴无弦，然而他并不在意，因为旋律就在他的心中，即便没有琴弦，他也能够在内心弹奏出最美的音乐。

《道德经》里说："大音希声，大象无形。"陶渊明并非崇尚玄学之人，但他亦是深谙老庄之学。对他来说，弹琴在于意，而不在于形，琴之有弦无弦，或许无足轻重。弹琴如舞剑，到了至高境界，应是无形胜有形的。

陶渊明对琴的声音、技法特征及琴曲的特点造诣应当是颇深的。他在《拟古·其五》中这样写道：

知我故来意，取琴为我弹。

上弦惊别鹤，下弦操孤鸾。

愿留就君住，从令至岁寒。

意思是说，这位弹琴的高人所弹的《别鹤》和《孤鸾》特别有表现力，有特色的内容分别在近岳山的高音区和近龙龈的低音区出现，从而表现出别鹤唳鸣之声的凄厉和失群孤鸾的幽怨。

古琴身长三尺六寸五，象征一年的三百六十五天；琴面上的十三徽分别象征十二个月与闰月；琴音分三种，泛音、散音、按音，分别代表天、地、人三种不同的境界……

一把古琴，实际上就已将中国文化义理都包含其中。弹琴者先修琴艺，后修心意，二者合二为一，方成琴意；听琴者先解琴艺，后知心意，二者合二为一，方会琴意。

苏东坡曾诙谐地说，琴意不在人手，甚至也不在琴鸣。若言琴上有琴声，放在匣中何不鸣？若言声在指头上，何不于君指上听？

这或许是对无弦琴的真解。欧阳修在其《论琴贴》中亦解释陶渊明的无弦琴："乃知在人不在琴，若心自适，无弦也可。"

陶渊明的一生是平淡冲和、洒脱自然的一生，正如他弹奏的这张无弦之琴，无声无息，却尽得风流意趣。无弦琴上，寄托着陶渊明"得其意而忘其形"的处世境界。

琴韵袅袅，萦心绕梁。

琴弦拨动，烦恼亦随风而逝。

七弦为益友，两耳是知音，有音乐的人生是何其幸运。

骞翁思远翥

盛夏的清晨，一只洁白的鸟，飞过陶渊明的窗前。

鸟鸣声清脆而又嘹亮，它的翅羽轻盈、光滑，仿佛山中绽放的白茶花。它飞过，带来夏季的香味——一种混合着果木清香与清凉露水的味道。

窗下的陶渊明，正在读书。他手捧书卷，天边的亮光显出淡淡的朝霞，不知不觉映在他的书上，书本上的文字静静地躺在柔和的霞光里。文字的梦伴着这浅粉色的霞光，仿佛一层轻纱，温柔地笼罩着他。

他长久居住于僻静的村舍，那时还几乎没有人知道他的名字。只是，月光下，时常会有琴声从茅舍中传来，人们便知这是一位技艺高超的琴手，或许终有一天会弹奏出世间的绝唱。

有时候，他坐在户外看书，全神贯注的样子引起路人的注目。然而他性情淡泊，只专心于琴书，或是耕种，或是读书，或是弹琴，极少与人来往。他像山中的精灵，自由自在地徜徉于自然山水之中。在人们的眼中，他如窗前的白鸟，高贵而纯洁。

他的面庞洁净而又瘦弱，身穿一袭粗布麻衣，像以往的每一个清晨一样坐在窗前读书，神情安然自若。

忽然，不知是为书中的情节感到讶异还是为这白鸟飞过的声音所惊扰，他抬起头，将目光转向窗外。

一个白晃晃的影子从碧空里轻轻划过，是一只洁白的鸟，此刻已经飞远。他的内心有些许伤感，将目光痴痴地停留在那片广阔无边的天空之中，寻觅那只飞向远方的白鸟。

那只白鸟在午后或者傍晚会飞回来，栖息在浓密的树荫里。然而，现在它展翅高飞，飞到他目力所不能及的地方，不留一丝痕迹，仿佛从前倏忽即逝的时光。

此时，陶渊明已经十九岁了，但是他还从来没有离开过这个小小的山村。

他静静地坐在屋舍之中，想象那只白鸟飞去过很远的地方，那里有一片海，一片比天空更蓝的大海，或许是《山海经》中提到的东海，是让精卫鸟终生都无法填平的大海。

这只眼前飞过的白鸟，让他想起了这个传说，想起了精卫鸟。那是他最喜欢的一种鸟。

虽然，他从来没有见过它，但是能够想象那种鸟的样子：头部的羽毛长着花纹，嘴是白色的，有一双红色的小脚。

他想，总有一天他会远行，从这小小的山村出发，去寻找东海，寻找传说中这种意志坚毅的神奇鸟儿。

陶渊明为精卫鸟永远都无法填平大海而感到悲哀，亦为这只小小的鸟凭借一己微薄之力与大海抗争的精神所折服。

少年时候读到的传说，在他往后的光阴中反复酝酿、发酵，后来，终于在晚年的时候他为这个故事写诗，他在《读山海经·其十》中写道：

> 精卫衔微木，将以填沧海。
> 刑天舞干戚，猛志固常在。
> 同物既无虑，化去不复悔。
> 徒设在昔心，良辰讵可待。

或许，少年时候的陶渊明就已隐约感觉自己的生命与这只传说中的神鸟有关。它那高贵的前生仿佛自己，虽自己出生时陶氏家族已经没落，然而曾祖陶侃的荣光以及外族孟嘉的名士之风始终让他感到骄傲。精卫填海是在证明人战胜自然的力量有限，然而人的精神可以不死，可与命运作不屈不挠的抗争。

陶渊明的命运不也是如此吗？八岁就失去了父亲，家境急遽衰败，十二岁庶母离世，与母亲和程氏妹相依为命，半耕半读勉强维持生活。幸好有琴书为伴，才不至于在这偏僻的村庄感到孤寂无聊。然而，连年的战乱让这样简朴的日子也难以为继。

这一年，爆发了淝水之战。

虽然此次战役东晋大获全胜，但战争消耗了大量的人力、物力、财力，民生凋敝，陶渊明一家虽隐居山林，但亦不可避免地受到了战争的冲击。

他在晚年所写的《有会而作》中回忆道“弱年逢家乏”，淝水之战后次年，陶渊明二十岁，正值弱冠之年，他的家境已经贫穷到无以复加的地步。

既已成年，陶渊明不得不独自肩负起家族重任，替一家人另寻生计。

淝水之战之后，朝廷上下百废待兴，这让陶渊明看到了国家再度强盛以及自己实现政治抱负的希望。

既为谋求生计，又为大济苍生，他开始了自己的游宦生涯。这时候的陶渊明壮志满怀，虽生活依旧贫穷困苦，然跃跃欲试，期望一展宏图。

他在《杂诗·其五》中写道：“忆我少壮时，无乐自欣豫。猛志逸四海，骞翮思远翥。”

少年时候，虽然没有什么激动人心的快乐事情，然而因为胸怀天下的“猛志”尚在，对未来充满了十足的信心，想要像鸟儿一样展翅高飞。

只不过，东晋并非如陶渊明想象的那般强大起来。虽然凭借淝水之战成功抵御了外部侵略势力，但是国力被内战削弱。淝水之战两年后，谢安去世。王、谢士族政权没落，军阀势力越来越强盛，内战也越来越频繁。

“八表同昏，平路阻伊。”“真风告逝，大伪斯兴。”处于这样一个悲剧的时代，陶渊明根本无法在现实中实现自己的理想抱负。他只是一介书生，并无像军阀们一样挥戈战场的本事。他只能在这江河日下的时代中坚守自己的品质，如同那只固守“猛志”的精卫鸟，在这世界毫不起眼的一角与命运作殊死斗争。

十九岁盛夏的那个清晨，他从书中抬起头来，无意间瞥了一眼窗外的世界，恍然间发现这天地向来辽阔，而自己羽翼已然丰满。

他便想化作理想中的那只鸟，一只不受世俗污染的鸟，一只能够自由徜徉于天地间的鸟。

仗剑远游

夜空岑寂，繁星如目。

星空笼罩着山野，山野浸润着月光。

月光下是一座小小的茅庐，茅庐破旧，镶嵌着一扇方形的窗。

窗户朝外打开，吸收无边无尽的月色。陶渊明伸出双臂，欲将窗户合上却又迟疑。

清晨飞走的那只白鸟，不知是否已经回巢？

他望向窗外沉沉的夜色，倾听山林里一切声响：风轻轻刮过浓密的枝丫，溪水在远处潺潺流淌，荆棘丛中小动物发出窃窃私语……如此让人眷恋的故乡，却已经无法容纳少年天真无邪的幻想，他的心停放在那只鸟洁白的翅膀上。

白鸟在清晨飞去，带着他渴望的目光，带着他的梦飞向远方。

转眼夜已深，十九年的韶华如白驹过隙，陶渊明为自己不曾远游的生命而感到遗憾。

战乱四起，田园荒芜，故乡已变得困窘而贫穷。血气方刚的少年们早早上了战场，或是战死，或是立下赫赫功勋。唯有他捧着一卷诗书，一张古琴，于这山间无人问津的小屋日日夜夜涵养他的才情。十九年的韬光养晦不过是为了有朝一日能够利剑出鞘，惊煞世人。

这片因战乱而悲哀的土地，等待着年轻人的救赎。他理应将自己多年以来从书本中学到的知识付诸实践。

弱冠之年仿佛命中的一个约定，如期而至。他竖起长发，整理好衣襟，佩戴最喜爱的饰物——一把宝剑，像那只飞向远方的鸟一样，告别这熟悉的地方。

总有一些路需要独行，远游是成长的必经之路。纵使远方并不像少年们想象的那般浪漫、美好，但对于远方的渴望，依旧如一束猛烈的光照向每一个年轻的生命。有志者鼓足了勇气选择出发，不怕前路不平，不怕风雨兼程，只怕在一成不变的生活中丧失了斗志，到老时懊悔不已。

自古以来，远游是有识之士实现理想抱负的途径，远行之路并非容易。前路漫漫，前途亦未可知。但是作为一个“游好六经”的少年，陶渊明怀有儒家治国安邦的理想，他虽性情淡泊，却并不像当时的其他名士一样超脱虚旷。他那时候崇尚功业，心怀超越四海的猛志和乐观旷达的精神。

他决定出发，不仅在江南云水中行走，还要到更遥远的地方，遇见西风凛冽，遇见大漠长河。他在《拟古·其八》之中写道：

少时壮且厉，抚剑独行游。

谁言行游近？张掖至幽州。

饥食首阳薇，渴饮易水流。

那时候的张掖、幽州、易水、首阳，乃少数民族占领之地，陶渊明显然不可能到过那些地方。然而，他心存远方，怀有壮游之想。淝水之战虽将匈奴击退至黄河以北，然东晋士人偏安一隅的思想已根深蒂固，他们几乎忘记了生命中该有的大气磅礴与辽阔壮烈。而陶渊明的气概与格局，远胜当时江左名士。

他志存高远，心性高洁，不屑与俗流为伍；而古时之高士皆已化作尘土，现世难再寻得那样的高士，他虽高旷清雅，却是难寻知己。

面对知音难遇，壮志难酬的现实，他身为“抚剑独行游”的侠者，内心充满了寂寞与孤独，这是一种跨越时空的孤独。

陶渊明的足迹，虽未到过张掖、幽州等地，但他应当到过当时的都城建康。只是，建康城里的王侯贵胄，沉醉在一片歌舞升平之中，且鄙视寒门出身的陶渊明，他只得灰头土脸地离开。他继而南下，来到名士汇聚的会稽郡，然而三十几年前发生在这里的兰亭盛事已无缘再见。山下林间，多是一些妄谈玄学的士人。

他发现，匡扶朝廷，救黎民于水火，似乎只是他一个人的愿望。众人皆醉，唯他独醒。

古时的贤达早已长埋地下，并不遥远的风雅之人亦一去不返。苍茫的世界，他只有孤独的自己，身影寥落，满目怆然。

于是，他只能回到故里，琴书自娱。

不过，他出发过，趁着年轻，他曾将自己交给长路，用自己的脚步去丈量世界。风也好，雨也好，只有经过那些磨砺，生命才更有抵御风雨的力量。

恋爱无果

二十岁，出门远游；二十岁，意气风发。

二十岁，正值爱情萌动的青葱年华。

少年的心是不安的，所以他选择了走向远方。

从浔阳到建康，再到吴郡、会稽，以及到达他梦想中的东海之滨，一为谋官，二为寻求知己。然而，所到之处，皆是虚旷浮惰之人，难有志同道合之士。原来，远方一无所有。

于是，陶渊明归来了，像一只落魄的鸟。

或许是不想让别人知道他在外经历的种种不堪，不想再回忆游宦生涯中那些叫他忧伤的往事，所以，对于这一段经历，他只字未提，我们亦无法考证。

然而，我们可以猜想一下，在那几年漂泊异乡的生活中，他的心应当是孤独的。孤独促使他的灵魂极需一个安放的地方，而对于一个二十几岁的年轻人来说，生活中不只有关于事业理想的苦闷，更有爱情失意的痛苦。

陶渊明写过唯一一篇关于爱情的诗文《闲情赋》，有人认为这篇赋是写于陶渊明三十岁辞官归隐之时，因为他很可能受到了屈原在离骚中大量使用“香草美人”意象来抒发自己志向抱负的启发，在这首词中对于女子的刻画实际上就是对自己人生美德志趣的体现。亦有人认为《闲情赋》应当写于陶渊明十九岁那一年，赋中的女子确有其人，陶渊明在刚刚懂得儿女情长的年纪里遇见了这样一个她，虽说只有一面之缘，但这位女子的容貌和情态深深地印在了他的脑海之中。我们采用后者的观点。

陶渊明在赋中写道：

欲自往以结誓，惧冒礼之为諐，待凤鸟以致辞，恐他人之我先。意惶惑而靡宁，魂须臾而九迁。

他想要和赋中女子结下海誓山盟，却怕唐突失礼受之谴责，他想要借凤凰传达爱情，却又担心被别人抢在前面。这份因迟迟不敢向心爱之人表露心迹而忐忑不安的心情难道不是青春懵懂的少年才有的吗？陶渊明当是体会过这种滋味。

赋中所描写的女子是一个才貌双全的绝代佳人，她不仅宛若仙女下凡，美得不可方物，而且兼有许多美德：

夫何瓌逸之令姿，独旷世以秀群；表倾城之艳色，期有德于传闻。佩鸣玉以比洁，齐幽兰以争芬；淡柔情于俗内，负雅志于高云。悲晨曦之易夕，感人生之长勤。同一尽于百年，何欢寡而愁殷！褰朱帏而正坐，泛清瑟以自欣。送纤指之余好，攘皓袖之缤纷。瞬美目以流眄，含言笑而不分。

这样的女子显然不是十九岁前在乡下所能见到的那种邻家女孩，而更像京城里的大家闺秀。她容貌出众、举止优雅，品德超群、冰清玉洁，精通音律、善弹古琴。陶渊明对这个女子陷入了深深的倾慕之中。

这个女子所展露的气质与陶渊明的心志、情怀极度契合，仿佛是在茫茫俗世渺无知音、只有满心孤独的另一个自己。

陶渊明被女子的琴声打动，亦被女子的一颦一笑、一举一动深深捕获：

曲调将半，景落西轩。悲商叩林，白云依山。仰睇天路，俯促鸣弦。神仪妩媚，举止详妍。激清音以感余，愿接膝以交言。

他侧耳倾听女子所弹的曲子，直至夕阳斜落西窗，凉风吹过树林，还没有离去。那曲子才弹了一半，女子仰视天边，白云傍着远山，忽而又俯身急弹，仪态妩媚，举止娴雅，看上去比窗外的景色更美。陶渊明为之意乱神迷。

陶渊明希望化作美人衣之领，腰之带，发之膏泽，眉之黛墨，身下之席，脚上之鞋，随身之影，照颜之烛，手中之扇，膝上之琴，时刻与之相伴。

然而，他最终还是没有鼓起勇气向女子表达心意。只能独自苦苦暗恋着、思念着。他曾经特意去往南林——女子出现过的地方，渴望再一次与之偶遇：

> 考所愿而必违，徒契契以苦心。拥劳情而罔诉，步容与于南林。栖木兰之遗露，翳青松之余阴。傥行行之有觌，交欣惧于中襟。竟寂寞而无见，独悁想以空寻。

陶渊明在一棵带着露水的木兰边稍稍休憩了一下，又在苍苍青松下感受荫凉。他坐在那里等待着女子出现，哪怕是偷偷地再看她一眼也好。然而，夕阳西下，西窗依旧，女子的身影却已不见。陶渊明的爱情就此落空了，他只能失望而归。周遭晚风吹动着树叶，他的内心无比凄凉，路边的一切风景都染上了伤心的颜色。

那一年，陶渊明遇见了此生中初次让他心动的女子，这成了他埋藏于心底最深的秘密。那一天，他特意奔赴南林，就是为了见到那个叫他惊鸿一瞥、朝思暮想的女子。然而，女子没有出现，日落黄昏，爱情也就跟着落了幕。他错过了最后一次相遇的机会，也就永远失去了理想中的爱情。

“悼当年之晚暮，恨兹岁之欲殚。”初尝爱情之苦，往往叫人有无尽的遗憾与不甘。于是，在无数个辗转难眠的夜里，相思之苦反复折磨着他："思宵梦以从之，神飘飖而不安。若凭舟之失棹，譬缘崖而无攀。"陶渊明，这位失恋的男子茫然而痛苦地踽踽独行于漫漫长夜之中，为了避免让黑夜一寸一寸地吞噬自己，他穿好衣服起床等待黎明。然而，夜未央，北风凄厉，门前石阶洒满惨白的霜雪，远处传来凄清而哀怨的笛声。他依旧不能停止对这份爱的痴想，苦苦挨到天亮，心中满是荒凉。

对于寒素出身的陶渊明来说，追求赋中他所暗恋的女子无疑是高攀，那个女子的家族地位和名望应该都很高，而在那样一个门户之见很深的年代里，尽管这位女子极其符合陶渊明的审美标准，也与他心心相印、趣味相投，在陶渊明这里却只能是可望而不可求的。这样一份无果的爱，注定是悲伤的。

第一次走向远方，他遇见了爱情，又丢失了爱情。远方，已不是当初想象的那样充满诱惑。他怀抱着一种寂寞的心情，从远方归来了。

他神色迷惘而又忧伤，腰间还佩戴着那把宝剑，却已不是当初那个气宇轩昂的少年。

此时，已是人间四月天，草长莺飞，陌上花开，夹道杨柳吐出新绿，溪水在欢快地歌唱。这久违的熟悉的故乡，正在欢迎和接纳这个一无所获的年轻人。

远处的炊烟袅袅升起，那是他的家。他看了看自己空空的双手，一时竟有些畏怯，不知如何将故事讲给老母听，于是在陌上徘徊又徘徊。然而，他又极度渴望走进阔别已久的村庄，极度想要看到母亲和妹妹。不知母亲是否因思念自己而增添了白发，妹妹是否在家安好？

陶渊明整理好自己的心情，向家中走去。

门前熟悉的石阶、栅栏、果树依旧还在，门开着，朝南的小窗关着，夕阳的光穿过树荫，在墙上投映出斑驳的光影。

他静静地立在门前，对于这座曾经朝夕相伴的小屋看得出了神……

门忽而“吱呀”一声开了，程氏妹穿着一身翠布罗裙出来，看到呆呆站立在门前的陶渊明，惊喜而烂漫地喊了一声：“哥哥！”他才从滋味杂陈的恍惚之中回过神来，二人不禁喜极而泣，陶母孟氏亦从屋内闻讯走出……

五柳先生

人们走向远方，是为了奔赴一个美好的前程，或是为了寻找心中理想的圣地，一如牧羊少年寻找他的黄金。

其实，远行的意义对于年轻人而言不止于此。从远方归来，无论他是否衣锦还乡，少年都已经褪去了青涩模样，获得了不一样的人生体验。

他或许落魄，但眼里有了许多故事，他脸上添了一些风霜，心中多了几分沉稳。远游的魅力，就在于此。

只有看过了远方的山与大海，才能守得住眼前的质朴岁月。

在那短短的几载光阴中，远游的少年发现，自己一直苦苦寻找的精神家园并非遥不可及，它就在身边。它是从小生长的那片故土，是故乡笔直的道路边高高的杨树，是溪水边如拳头般坚毅的顽石，是无数个寒来暑往永不忘记飞回巢穴的鸟儿。

那精神的家园向游子呼唤，呼唤他回到心灵最开始的地方。

远游归来后的陶渊明，像从前一样，继续过起了耕读的生活，只是现在他已经不太将功名看得那么重要。如果可以，他愿意一辈子待在这个与世无争的山村，做一介自在逍遥的寒素之士。他愿意将自己活成门前的一株草，或者是一棵树，沉默不语但却面向光明。

卸去身上沉重的负担，他仿佛又一次捡回了那颗少年之心，内心变得洒脱而自足。他坐在窗前，像往常一样观看窗外的风景。

他守着窗子，守着四季轮回。

一年之中，最令他感到欣喜的时光，莫过于在北窗之下，读倦了书后悄悄瞥一眼窗外，发现门前的柳树长出了第一抹新绿。那时候，他的心也一同被这抹绿色点亮。

那抹绿色，已经准备了好几个季节，蹚过寂寥的秋色，跋涉过冬天的冰雪，它用了一整个春天去装饰陶渊明的窗，绿意酣然，充满诗意。

陶渊明将柳树视为知己，因此，他给自己取了一个雅号——五柳先生，并且为自己作了《五柳先生传》。

自传开篇第一句便说："先生不知何许人也，亦不详其姓字，宅边有五柳树，因以为号焉。"在那个十分讲究门第的晋代，他刻意要与这种风气背道而驰，因为宅边有五棵柳树，就随随便便地给自己取了一个字号。他说不仅不知道这位五柳先生的出身和籍贯，而且不知道他的姓字，以暗示他是一位隐士。

"闲静少言，不慕荣利。"少去了被虚名浮利遮蔽的烦恼，他为自己恬淡安然的隐居生活而感到自得。

但严格来说，陶渊明自己并非一般寒门子弟，只是相比于王谢那样的士族，他只能算是一介平民。他的曾祖父陶侃曾经是东晋的一员猛将，取得过赫赫战功，他也算是将门之后。他所喜爱的五棵柳树也与陶家有着不解之缘。当年，陶侃在武昌军中，曾吩咐诸营种植柳树，一个叫夏施的都尉假公济私，将官柳种在自家门前，陶侃经过他家时，立即认出那是官柳。此事流传甚广，史家在写陶侃传时还将其作为一件逸事记了下来。不知道，陶家门前的这五棵柳树，是否为纪念此事而种。

"五柳先生"是陶渊明年轻时自娱自乐所取，然而数百年后，这一不经意间取下的雅号，成了人们追慕的称呼。唐代王绩效仿自号"五柳先生"的陶渊明，而自号"五斗先生"，并作《五斗先生传》。白居易更是仰慕陶渊明，他深受《五柳先生传》中"造饮辄尽，期在必醉"的影响，晚年自号"醉吟先生"，并著《醉吟先生传》。

"五柳先生"，细品这四个字，总会有一幅悠然的画面浮现出来：竹篱茅舍，小径炊烟，柳色青青，古琴声声。

这样的日子古朴而又纯真，是多少滚滚红尘中疲于奔命的人向往的生活。然而，清贫的日子并不好过，陶渊明在自传中也写道："环堵萧然，不蔽风日；短褐穿结，箪瓢屡空。"只不过，即便家徒四壁，衣食短缺，他依旧是"晏如也"。

他的快乐来源于读书与饮酒。他"好读书，不求甚解；每有会意，便欣然忘食"。此时，他读书只为情趣，只为精神愉悦，已经和少年时候"游好六经"，想要出人头地的初衷大不相同了。

他之所以能够安贫乐道，大约也是相信书中所写的那些自食其力的高士和贫穷儒生的故事。当他含着欢娱走到谷底汲水灌园时，总是想起庄子所说的那个因为害怕使用机械会生机心而放弃桔槔不用、情愿抱瓮汲水的汉阴老人；又当他负薪道上时，就会想起那位一边挑着柴担，一边诵读经书、唱着歌辞的朱买臣。

与少年时期相比，陶渊明又多了一样爱好——饮酒。“性嗜酒，家贫不能常得。亲旧知其如此，或置酒而招之；造饮辄尽，期在必醉。既醉而退，曾不吝情去留。”他像东晋的许多文人一样，在纷乱的时局之中无力改变当前混乱的状况，只能借饮酒“使人人自远”“引人着胜地”，暂时从现实世界中解脱出来。然而，魏晋名士们饮酒，旨在表现对社会的不满，对于提升人生境界而言，并无实质突破。

不过，陶渊明不仅借酒避世、借酒消愁，还写下了许许多多的饮酒诗，赋予饮酒新的文化内涵。

陶渊明无酒不欢，一醉方休。亲朋好友也都十分欣赏他这种率真的性格，愿意满足他的这一爱好，纷纷请他去家里喝酒。与酒结缘，陶渊明留下了璀璨的诗篇，安顿了自己的肉身与灵魂，也丰富了他的精神形象，提升了他的生命层次。

陶渊明写《五柳先生传》，当是仿效了西晋阮籍《大人先生传》、刘伶《酒德颂》的语言方式，他采用小说家的笔法，突破了传统史传的叙述模式，使得这篇仅 174 字的小文，结构巧妙，寓意深远，胜过大文。

第三章 三十而立，凡心不已

命运的不可捉摸之处在于，当你尚且为人生找不到出路而苦苦发愁之时，又不知不觉迎来“柳暗花明又一村”。

江州祭酒

人生的起落，犹如连绵起伏的群山，于高处之后有低谷，于落败之后又有巅峰。命运的不可捉摸之处在于，当你尚且为人生找不到出路而苦苦发愁之时，又不知不觉迎来“柳暗花明又一村”。

自从陶渊明写了《五柳先生传》之后，他的名气在乡里广为流传，人们都知道五柳先生不仅写得一手好文章，而且为人坦率洒脱，是个爱喝酒、爱读书的风流之士。

先是叔叔陶夔举荐他去浔阳当教书先生，他学识渊博，教书对于他自然是信手拈来之事，但他尊重知识，不敢小觑这份平淡的职业，亦不敢在教学上有丝毫怠慢。他的学生均是一些富家子弟，他们所交之学费暂且够陶渊明给家里补贴之用。

陶渊明既教书，又读书，终日与学生和其他教书的文士相伴，谦逊随和，幽默风趣，深得大家的喜爱。于是，他的名声在浔阳城里也渐渐响亮起来。凡是家中有少年要读书学习者，都纷纷前来拜陶渊明为师，他因此也结识了不少上流人士。

这一切都为他出仕打下了基础。因为晋代实行九品中正制，乡里的清议对一个人进入仕途颇为重要。

既然已经取得了不错的名声，他的叔叔陶夔又一次提议他进入仕途以实现“济世之志”，陶渊明亦听从内心，打算在仕途上大展宏图。

晋太元十八年（393 年）陶渊明二十九岁，他来到江州出任州祭酒一职。这一切看起来似乎都是水到渠成。

他在《归去来兮辞·序》中写道，“余家贫，耕植不足以自给”“亲故多劝余为长吏”。出来做官，可能一部分原因就像陶渊明自己诗中所写的那样，因为家里实在穷得揭不开锅了，但更多的原因应当是他还对仕途抱有极大的期望。

他十分看重，也十分珍惜这次入仕的机会。然而，江州祭酒只是一个闲职，它并不是通常所说的“国子监祭酒”。据《宋书·百官志下》记载：“州祭酒分掌诸曹，兵、贼、仓、户、水、铠，扬州无祭酒，主簿治事。”因此，陶渊明的职责是协助刺史处理兵戎、治安、田租、户口、祭祀、农桑、水利、兵器等地方事宜，烦琐而无味。

而且江州祭酒这个官职与地方官个人意志有很大联系。王羲之曾经担任江州刺史，他在任期间就设置了江州祭酒这一职位。

王家世代信奉五斗米教，五斗米教是道教最早的一个派别。

据《后汉书》《三国志》记载，凡入道者皆出五斗米，故得此名。五斗米教将其信徒分为鬼卒、鬼令、奸令、祭酒四个等级，祭酒是最高等级，在五斗米教中有极高的地位。

陶渊明为江州祭酒时，江州刺史是王羲之的儿子王凝之。王羲之当初信奉五斗米教主要是为了借助它来养生治病。然而，他的儿子王凝之是一个顽固不化的信教徒。《晋书》记载，王凝之在担任会稽内史的时候，三吴地区的孙恩发动叛乱，逼近会稽城。手下的人劝他早做防御准备，王凝之却说自己已经通过祷告，请鬼兵助阵，敌人将不攻自破。为此，他不仅丧了命，还丢了城池。他的妻子谢道韫提起这件事情就气不打一处来说："天壤之间，乃有王郎！"——天地间怎么会有王凝之这种货色存在！

陶渊明的上司王凝之既然是一个愚昧平庸之辈，陶渊明自然就无法与之共事，更无法忍受王凝之那套装神弄鬼的把戏。虽然王凝之十分欣赏陶渊明，所以委以他自认为重要的"江州祭酒"的职务，但是作为当朝宰相王导的侄孙，迷恋道教闲事，全无匡扶社稷之心，这与陶渊明是道不同不相为谋啊！

陶渊明如今所过的生活已经完全背离了他的初心：晨起开始入官署办公，直到黄昏才头昏脑胀地离开。除了琐碎的公事，他还要面对官场上纷乱的人事，还得对州府里的长官们低眉顺眼。就像他在《与子俨等疏》中所说："性刚才拙，与物多忤。"他那刚正不阿的性格与媚上欺下的黑暗官场是格格不入的。

江州祭酒这个职位不仅没有给他提供一展才华的平台，反而让他目睹了官场中的种种荒唐之事、腐朽作风。于是，他辞去官职同，义无反顾地跳出了这个污浊之地。

当时，不少人以拒绝州府辟命来显示自己的高洁，因此，陶渊明辞官这一举动反而提高了自己的声望。不久，州府又召他做主簿，虽然主簿的地位明显高于祭酒，但陶渊明心知，这个职务比祭酒还要麻烦，便婉言谢绝了。

他不再愿意在江州这个地方担任职位，因为他已经看透了那里的钩心斗角、蝇营狗苟。他知道，如果再待在那个地方，他不仅壮志难酬，而且还会落得满身萧索。

走出官署，外面的天地辽阔高远，他抬头笑看天上云卷云舒。也许，他所追求的日子不过是如此轻松、简单。

结发之妻

古人云："人生四大喜事为久旱逢甘霖，他乡遇故知，洞房花烛夜，金榜题名时。"洞房花烛夜是一段婚姻生活的开始，亦是古人真正成人的标志。

陶渊明第一次结婚，是在二十五岁。这个年纪，在当时已经算是大龄青年了。于是，他的母亲陶孟氏急着给他说了一门亲事，因为再不结婚恐怕会遭到别人的耻笑。

陶渊明迎娶的这位女子姓王，然而并非王谢两大家族中的王氏，而是浔阳郡的一户普通人家。对于这位王姓女子，陶渊明的诗中并无片言只语。不过，我们可以想象，她虽无大家闺秀的雍容华贵，却也是知书达理的小家碧玉。陶家虽然不复从前的威望，但是对于王氏来说，陶渊明仍然是名门之后，她所嫁的这个男子才华满腹，应当是令她感到满意的。

这位王姓女子的容貌以及才艺，自然无法与陶渊明《闲情赋》中所写的女子相比，但是作为结发妻子的她，在陶渊明的心中占据了不可以替代的一席之地。

从前，陶渊明总是感到茫茫人海、冥冥之中，有一个人在未知的地方等待着他。他想，那个人便是他所要牵手共度一生的女子。

曾经在南林，遇见的那个叫他惊鸿一瞥、意乱神迷的子女，使他有过怦然心动的感觉。然而，那一场相遇就像是一个不切实际的梦。直到这场梦醒来之后，他遇见了大红盖头之下的她，他的心才仿佛找到了归属。她的眉眼看上去是那么柔和、亲切，她将治愈他爱情上的伤，给予他平凡而温暖的生活。

东林寺的慧远和尚说：“前世的五百次回眸，才换来今生的一次擦肩而过。”陶渊明，是一个情深意笃的惜缘之人。他觉得这个与自己结为夫妻的女子，定然与自己的前世有着不解之缘，因此，当好好珍惜这段婚姻。

新婚之夜，两个年轻的生命相逢于红烛之下，心中有几分默然欢喜。他想起诗经之中的句子：“桃之夭夭，灼灼其华。之子于归，宜其室家。”再看一眼自己的新娘，便觉得人生有了新的希望。他决定此生要尽力呵护她，她亦决定此生要全心温暖他。

她轻轻地依偎着他，听陶渊明给她讲他过去的经历以及从书本中读到的故事；他看着镜中描眉的她，也曾为她梳理如青云般的长发。新婚燕尔，幸福大抵是相似的。就像欧阳修在《南歌子》里所写的那样：

凤髻金泥带，龙纹玉掌梳。走来窗下笑相扶，爱道画眉深浅入时无？

弄笔偎人久，描花试手初。等闲妨了绣工夫，笑问鸳鸯两字怎生书？

陶渊明是个诗人，但是对于这样的婚姻生活却很少进行描绘，因而这位姓王的妻子也不曾走入他的诗中。我们不知道他们的婚后生活的具体细节，但是我们知道，陶渊明是一个家庭情节很深的人。他在离家出仕时流着眼泪告别亲人“掩泪泛东逝，顺流追时迁”（《杂诗》）；他听到母亲去世的噩耗，立马从江陵辞官回家奔丧；他在《命子》里对五个儿子既表达殷切希望，又予以恳切的责备，始终将孩子们牵挂在心。如此热爱亲人，重视家庭的人，当会为婚姻中的另一半付出体贴与关怀。

陶渊明与妻子王氏的婚姻生活，当是琴瑟和鸣，他们彼此十分恩爱。为了组建好这个小小的家庭，妻子不辞辛苦，日日夜夜为陶家操持家事，替陶母孟氏和程氏妹减轻了不少负担。

为了给家里提供更好的生活，增加收入补贴家用，陶渊明经叔叔陶夔的介绍，在浔阳城里谋得了一份教书的职业。他每天与书为伍，不用考虑太多的人和事，过得还算惬意。当家里需要种田的时候，他便从城里赶来，挑起家中沉重的农活。虽然，他从小就躬耕田园，但由于书生气较浓，对耕作之事不是很在行，但田里的收成也足够他们一家人吃饱。

日子过得井井有条，但是唯一的不圆满之处在于陶渊明和王氏已经结婚两年，妻子还没有怀孕，这让陶母有些焦急。

但是，婚后不育并没有影响陶家人之间的关系。作为女人，陶母孟氏十分体谅儿媳妇的难处，她认为儿媳妇可能是平时操持家务，过于劳累所致，便经常劝说王氏要多多注意休息。她亦经常跑到附近的庙里去烧香拜佛，求送子娘娘给陶家带来一个孩子。

终于，又过了两年，当陶渊明上任江州祭酒不多时，王氏怀孕了，婆媳俩都感到十分高兴。但是两人决定暂时不将这一好消息告诉陶渊明，免得他刚入仕途就分心，于是就这样瞒了下来。

然而，陶渊明“起为州祭酒。不堪吏职，少日自解归”。刚卸下官职的他回到家中，看到妻子有了身孕，高兴得不得了。没过多久，州府又召陶渊明去做主簿，一是为了守在妻子身边，二是已经厌倦了江州那个地方的官场，所以他婉言拒绝了。

自从他去浔阳教书到上任江州祭酒，平日与妻子本来就是聚少离多。这一次，他决心好好守护妻子，直到她生出小儿，再出外另寻生计也无妨。

终于，在农历十五的黄昏，晚饭刚过之后，妻子便开始肚疼。陶母孟氏凭借经验得知儿媳妇快要临盆，便赶忙招呼陶渊明去找同村的接生婆帮助儿媳生产。

陶渊明一听妻子即将生产，既感到欣喜又感到无措，一路小跑，顾不得自己的名士之风，急匆匆地喊来接生婆。那接生婆原本是很熟练的，然而今天，她在产房里待了很久，也不见动静。

已近夜半时分，接生婆心里也感到害怕起来，她望见王氏肚中的胎儿是倒长的，情况十分危险。王氏亦是强忍痛苦，精疲力竭，脸上直冒虚汗。

接生婆慌慌张张从产房出来，不停擦拭血红的双手，让陶渊明赶紧去请郎中。陶母在一旁为儿媳妇和她迟迟未出生的孙儿祷告，那祷告哆哆嗦嗦，近似一种哀泣。不多时，郎中赶到，但婴儿已经窒息而死，可怜陶渊明的妻子也因难产撒手人寰。

那一刻正是午夜，如水的月光散了一地，长夜寂静，鸟雀无声，陶家屋内一片哀嚎。陶渊明看着妻子苍白的脸上满是倦态，他握住她冰冷的手，泪如泉涌，哭泣得像个孩子。他不能像庄子一样，在悲伤的时候还能发出歌声。

悲伤如一只凶猛的野兽，撕扯着那晚的夜。原来这世间，转喜为悲不过是眨眼之间的事。在命运面前，人类的反抗显得如此徒劳。当日纱罗帐，红盖头，那一低头的娇羞，如今已变成了一张冰冷的脸。

天上圆月高悬，而眼前是失子丧妻之惨象。他目不忍视，扭头望向那惨白的月亮，想起妻子生前的温柔、贤淑，便不知道哪个更加真切。他悲哀地盯着那轮月亮，仿佛看到妻子已经化作月宫里的姮娥，她着一身洁白的长裙，带着恬静的微笑，挥动纤细的双臂，向他作永久的告别，告别与他短暂的一世姻缘。

月儿圆圆，天上人间，从此他成了这世间永恒的流浪者，而她则成了他心中永远的白月光。他只能在每个夜晚，仰起头，看向天边的月，因为那里有他深爱过的人。

他为爱情祈祷，亦为这世间山川风月祈祷，他的心也便只能交给那一片无言的山水……

痴心绝对

寂寞长夜，孤风瑟瑟；寒流涌动，孤枕难眠。

又是一个死寂的夜，陶渊明独坐于床沿，望着眼前清冷的烛光，任由它跳跃，发出“哔哩”的声响。生命仿佛这燃烧的蜡烛，一段烛花断了，化作灰尘散落于桌面，被风吹走，无声无息。

自妻子死后，他常暗自落泪，身形日渐枯槁。尤其到了夜晚，凉风不知从何处吹来，尽管已经心有防备，关好了房间里所有的门和窗户，但风还是钻入他单薄的衣衫，直击他空空荡荡的内心。

了无希望地对月长叹，从前的种种山盟海誓、恩爱甜蜜历历在目。也是像这样的夜晚，她和他曾一起坐在北窗之下，剪那燃烧的烛花。从前只愿得一人之心，相守到白头，如今这比翼双飞鸟，却痛失一翼。原来，美好姻缘不过是镜中花、水中月。

他，一个中年丧妻失子的男人，偏偏是这个世界上最最不幸之人中的一个。夜里，他不是不愿意睡去，而是睡去之后梦见的都是妻子生前娇嫩的红颜，他梦见与她于门前的林间散步，蝴蝶扇动着美丽的翅翼，山花绽放得烂漫。然而，她忽一转身消失于林中，雾气渐渐弥漫。他心里一惊，醒来唤她的名字，屋内四周悄然无声，他感到内心一片茫然。这样的痛苦实在叫人难以忍受。

陶渊明是一个痴情的男子，大约每一个痴情的人都要比别人经历更多的痛苦，这好像是命运之神刻意抛给他们的玩笑。

六百年后，同样一位痴情的才子——苏东坡，他曾为悼念他的妻子王弗写下过一首深情动人的《江城子·乙卯正月二十日夜记梦》：

十年生死两茫茫。不思量，自难忘。千里孤坟，无处话凄凉。纵使相逢应不识，尘满面，鬓如霜。

夜来幽梦忽还乡。小轩窗，正梳妆。相顾无言，惟有泪千行。料得年年肠断处，明月夜，短松冈。

又过了六百年，一个叫作纳兰容若的才子，为亡妻写了许多首词：

飞絮飞花何处是？层冰积雪摧残。疏疏一树五更寒。

爱他明月好，憔悴也相关。

最是繁丝摇落后，转教人忆春山。湔裙梦断续应难。西风多少恨，吹不散眉弯。

——《临江仙·寒柳》

谁念西风独自凉，萧萧黄叶闭疏窗。沉思往事立残阳。

被酒莫惊春睡重，赌书消得泼茶香。当时只道是寻常。

——《浣溪沙·谁念西风独自凉》

纳兰容若与妻子，从前也是烟火神仙，品诗论画，赌书泼茶，羡煞旁人。但这样的生活，仅仅三年就成了过往。于是，他枕着悲伤回忆，写出了那些泣血之词。

这样的爱情其实不在少数，譬如冒辟疆与董小宛相爱，才子佳人，于乱世风雨中不离不弃；譬如沈复与芸娘青梅竹马，结为伉俪，举案齐眉。为了纪念专属于自己的爱情，他们分别写了《梅影庵忆语》《浮生六记》。

终于明白，有这么一句话是对的：莫道男子不痴情，只是未到深情处。男子的情感是深沉内敛的，当他思念所爱之人时，或许只是眉头轻蹙，默然不语。当他为一个人伤心的时候，也只是在深夜里独自买醉。当他面对自己生命中认准的爱情之时，便不再会因为女子容颜的衰老而有所改变，因为刻骨铭心的爱情在他的一生之中只有一次。

陶渊明将初恋的炽烈与懵懂交给了《闲情赋》中的女子，

但他最心疼的是他的发妻，这个为他孕育子嗣不幸身亡的可怜女子。他一有空就跑去妻子的坟头，为她采摘新鲜的野花，拿来装点寂寞的荒冢。他有时候也会带去一壶酒，坐在妻子的坟前，对着墓碑独饮，诉说自己的痛苦。

想起妻子生前的种种宽厚，他对她更是感觉惭愧。三十而志业未成，大约如果妻子在世，这也是她不想看到的样子吧！

然而，乱世逢上凶年，一个既丢失了官职，又丧了妻子的男人，难免心灰意冷。

他心中的苦闷正不知如何排遣，忽然东林寺的慧远和尚给他捎来一封信，信中说他和诸位贤士成立了一个白莲社，希望陶渊明加入他们。

二十一岁那一年，陶渊明离家远游，就曾经到过庐山，去东林寺拜见过鼎鼎有名的法师——慧远。那时候，他与慧远便结识了，虽然他对佛教持怀疑态度，但对慧远的为人以及才识却十分欣赏。

陶渊明在东林寺居住过一段时日，不过，终究是为了实现自己的治国之志离开了。在那段时间里，他多多少少听了慧远关于佛家的一些思想，其中有些思想，他是接受的，并觉得与儒、道的学说有相通之处。

现在的他，人生已经陷入了无限的低谷，感觉望不到的前路尽是一片黑暗和孤独，然而这位曾经相识的老友对他心心念念。他的心忽然像被什么打开了一样，那个打开他心灵之门的人竟然是一个佛学法师，那是一种来自从前不曾有过的思想的力量。

收到这封信后，陶渊明当即给慧远回了一封信，他表示自己愿意前往东林寺。他与母亲孟氏以及程氏妹道清缘由之后，不日便收拾行囊出发了。出发前，他还来到亡妻的坟前，给她摆上最新鲜的花朵。

这一次，他望向亡妻的墓碑，仿佛看到妻子在向他微笑，亦仿佛听到妻子在说："夫君此去庐山，与慧远法师相会，当与佛结缘，渡自己于无边苦海。"

于是，他眼圈一红，又不禁落泪。他转过身，揩拭着眼泪，日夜兼程，赶往庐山……

众生皆苦

行至庐山脚下，已是日暮。

夕阳照着香炉峰的银泉飞瀑，烟云飘逸，隐隐约约听到东林寺传来阵阵钟声。

久在红尘苦海中漂泊浸泡的他，久违了这山水寺庙，听到这空灵悠远的钟声，心中顿觉几分宁静。

沿着山路步行至寺庙门前，见院门洞开，有几个小僧在门口打扫庭院，得知是住持法师的朋友陶渊明到来，其中一个小僧连忙跑去通报寺内的慧远法师，另一小僧则带着陶渊明由走廊缓缓步行至客堂，等候慧远。

是夜，慧远净手焚香，与陶渊明促膝长谈。陶渊明将自己这十年间所经历的辛酸苦楚与慧远娓娓道来，慧远只是手捻念珠，浅浅微笑，听其倾诉。

陶渊明问慧远，该如何化解自己心中的这番苦恼。

慧远说："阿弥陀佛，我佛慈悲。昔日，我也与施主一样博览六经，善读老庄，我曾随舅父令狐氏游学许昌、洛阳，但所到之处皆是战火纷飞、生灵涂炭，便感到这人世之苦难深重，不知如何解脱于这深深苦海之中，只能想到要学老庄隐遁于世。当年你与我初次见面，我便觉得你与我颇为有缘，我当将你视为这世上的知己，与你共同探求人生之真意。"

陶渊明听到慧远如此诚挚待他，便心中不禁感动，说道："法师请讲。"

慧远继续说道："我当年本想去南方寻找著名的隐士范宣子，但南路阻塞，未能成行。当时，恰逢道安大师在太行恒山立寺，讲经传法，于是我便慕名前去，与道安大师相逢如故。后来我想，此乃与我佛有缘。道安大师为我讲解《般若经》，我一听便豁然开悟，不禁感叹：儒道九流，皆糠秕耳。"

陶渊明一听慧远如此评价儒学，心中便有几分不满，但他对慧远依旧保持恭敬的姿态，愿闻其详。

慧远仍手捻念珠，浅浅微笑："《般若经》中讲，色和心均由因缘和合而成，虚幻不实，皆是空，人们只有通过佛教般若智慧否定以一切现象为实的世俗认识，才能把握佛教真理，得到解脱。"

陶渊明虽然对慧远此前对儒学的态度不能苟同，但如今听他讲《般若经》，便觉耳目一新，若有所悟。他沉思良久，默然不语。慧远法师便说："施主今晚在客堂中好生休息，明日一早可来大殿之上，听我再细细将佛法讲来。"

慧远就此别过陶渊明，陶渊明躺在卧榻之上，对慧远刚才所说的话思虑许久。他想起从前的种种苦恼，幼年丧父，家道中落，乱世混浊，壮志难酬，后来，好不容易成家娶妻，让自己心有所归，却又遭受横祸——妻丧子失。这一桩桩、一件件，如走马灯般在他眼前浮现。他想，这些苦是否真如佛家所言，都是因缘和合而成呢？将心与色分离，就真的能够得到解脱了吗？然而，如何将心与色分离呢？

想到这些，陶渊明依旧愁苦难耐。

次日凌晨，陶渊明吃罢庙里的斋饭，便前往大殿，见诸多僧人已端坐蒲团，念诵早经。他看到大雄宝殿上诸佛气势庄严，心中亦肃然起敬，遵照礼法向诸佛叩拜。大殿中央坐的正是慧远法师，他身披袈裟，开始为诸位宣讲佛法。陶渊明向慧远法师行礼后找一空位蒲团坐下。

慧远法师讲道："众生皆苦，苦在心地。苦非苦，乐非乐，只是一时执念而已。执于一念，将受困于一念；一念放下，会自在于心间。世人皆向往阿弥陀佛的西方极乐世界，却不知最方便的极乐世界就在我们的心里。人这一生最大的修行就是渡自己的心。若看不破、放不下，沉湎于过去的阴影里走不出来，是非常可怕的。如堕入深渊，深不见底，如何得救？唯有自己走出来，万般皆苦，只可自渡，你的心不解脱，谁也帮不了你。"

陶渊明听此，恍然大悟，原来他的痛苦皆是由于自己的心魔所致。人生在世，圆满太难，但正是因为经历了一番苦楚，人才能于苦中收获成长。或许，人来这世间走一遭，本是为了修炼自己。

佛法宣讲完毕后，慧远法师起身离开座位，众弟子和信徒亦起身离开。陶渊明与慧远二人漫步于寺庙庭院之中，陶渊明向慧远交流了他今天听他讲经的心得。慧远见陶渊明已体会到佛法的妙处，便带他走到寺中的藏经楼去观览佛经。陶渊明本是个“书痴”，见楼中寂静清香，架上经书井然陈列，装帧精美，气象非凡，便心醉神迷。慧远告诉陶渊明，可以到此藏经楼中泛览佛经，以便日后切磋经书中之深意，并有意向陶渊明提及结社之事。

陶渊明被慧远法师的一番慷慨友好之意感动，便欣然认同他想要组织白莲社一事。然而，恐怕自己对佛经尚未入门，不好与社员交流，贸然加入，岂不是要被人耻笑？于是，便决心静下心来，于这寺庙之中久住，一方面是听慧远宣讲佛法，一方面是于这藏经楼中将佛经好好研究一遍。

在东林寺居住的日子十分清闲，既有好友慧远相伴，又能于日日的读经之中洗涤心灵。只不过，唯有一点他是不满意的。僧人们吃斋念佛，喝酒是戒律，他却是一个嗜酒如命之人。寺庙里清净虽清净，然而每日不是打坐念经就是打坐念经，并且按点起床、吃饭、休息，流水线一般的生活让陶渊明觉得过于拘束。可是，这正是僧人们践行佛学思想必须要做的功课。

于是，他不得不遗憾地告诉慧远自己才疏学浅，尚无法加入白莲社。慧远知道这位朋友的本意，也不便强作挽留，只能将陶渊明送至虎溪，任他下山而去。

此去庐山东林寺，陶渊明虽然没有成为白莲社的一员，但是他却了解了许多佛学思想，由此正好治愈了他的心伤。他不再沉溺于妻子死亡的悲伤之中了，他对生命更加释然了。就像他今后在诗中所写的那样：“聊乘化以归尽，乐夫天命复奚疑。”（《归去来兮辞》）“有生必有死，早终非命促。”（《挽歌诗·其一》）

陶渊明步行下得庐山，再一次回到庐山脚下，回望北面之香炉峰，云蒸霞蔚，南面之东林寺钟声杳杳。他的心轻快起来，在山下掬一捧清凉的泉水，照见了自己清澈如初的灵魂……

人间烟火

成长的本质不是渐渐，而是顿悟，如竹子拔节。每一次拔节，都是一次心灵的成长。

顿悟的力量来自时间，时间将能量慢慢累积，达到一个限度，就会轰然爆发。人生之路漫漫，我们所经历的一切酸甜苦辣都在为成长积势。心灵在每一次拔节中变得更加坚强，这是生命的本意。

而立之后，从庐山东林寺下山后的陶渊明又一次感悟到了生命的启示。或许是佛学思想在他心中起了作用，或许是他从前的儒道思想以及自己坎坷的人生经历与之发生了碰撞，撞击出了不一样的思想火花。

他变得更加快乐了。

连日在东林寺居住，和僧侣们一同出入就寝，他的身上也沾染了一些出家人的超然从容之气。虽然他并未入佛门，身上不穿百衲衣，脚上亦不着芒鞋，但那副通透豁达的气度却好似名僧高士。路上的行人也觉得他虽衣着朴素，但却神态悠闲，自在坦荡，并非一般之人。因为，在那个时代，经历了战乱和灾荒，人们整日战战兢兢，为生计所苦，肚中饥肠辘辘，脸上愁云惨淡，能够拥有这番神态的人实在是不多见了。

东林寺中的生活远离尘嚣，清净美好，然而陶渊明依旧拥有一颗向往人间烟火的热烈之心。他从庐山行走到浔阳城中，见市井车来人往，听小贩们的沿街叫卖声，妇女的窃窃私语声，孩子的啼哭声，心中不由得升起一股暖意。他迫不及待地走入人群之中，成了这红尘俗世中的一员。

浔阳城，他是熟悉的，他曾在那里教过书，而且还在刺史王凝之的手下做过江州祭酒。只是，自从他从官场辞职归来，便没有去过浔阳，或许是怕遇见旧友，不知如何诉说自己的一番辛酸之事，或许是不想再和王凝之等人有往来。可是，浔阳城的酒楼，他是知晓的，哪一家的店主待人周到，哪一家的美酒醇香甘甜，他最清楚不过。他在浔阳城里，其实也算是个有名的人物。

那里的人早就将陶渊明的一番风度传得沸沸扬扬，说他才华横溢，刺史王凝之曾委以重任，然而陶渊明本人高超脱俗，对功名利禄全然不放在心上，断然从官署辞职，回到家乡种地去了。还说他只喜欢读书和喝酒，常常到酒楼中以诗换酒，真乃名士也！

陶渊明刚上酒楼，就听到几个喝酒的客人在谈论他。他也不禁讶然，自己竟然已经成了浔阳城里的名人。心里虽有几分喜悦，自己确实如民间所传言的那样爱好美酒，不过这种说辞未免有些夸张。自己不是什么高士圣人，只不过心中尚有一些情怀需要坚守，为此，甘愿受穷苦折磨，也不愿与世俗妥协。他本想喝上几杯好酒再走，又怕被人认出，生出事端，只好急忙离开。

他从小摊贩那里购得一瓶佳酿，抱着酒壶痛饮起来。他一边喝酒一边大笑，笑自己竟然这般胆小，生怕别人认得自己，给自己找麻烦。如此看来，只能暂时隐居乡下，做一名农夫了。

他喝着酒，唱着歌，一路走回家。走乏了，就在路边休息，和草木为伴，以天为被，以地为床。

不久，他终于又一次回到乡下的老宅。陶母见陶渊明回来，格外高兴。她发现，陶渊明的心已变得明朗起来，对耕作之事更加专注了。

虽然陶渊明自小就半耕半读，以前对耕作之事也有所感悟，但未经成年之后的种种阅历，也不过是将耕作视作维持生计的根本罢了。过了而立之年，经历了一段痴情往事之后，他才明白，人不可受外物的驱使，执着于自己的一念，苦于一念，而应该笑对风云变幻，守护一颗平常心。境随时迁，每个人的人生际遇大不相同，平常人只要耕种好自己的一亩三分地就好了，只要勤于耕种，总会有些许收获。他承认自己虽小有才华，但和山川日月比起来，也不过是一介凡夫俗子，难逃平常人的宿命。

如今，官场浑浊，东晋的政局十分混乱。他倒还不如退回到乡下种地，守护自己纯粹的内心，待到时机成熟，或许还能救世济民。

那时候，虽然陶渊明隐居山林，躬耕田园，但心中仍然对朝廷怀有热切的期望。

自淝水之战后，十年来东晋政权还算稳固，前秦至今也已彻底灭亡，巩固政权指日可待。现在的政局是谢安、谢玄皆已离世多年，谢氏的势力不复存在。谢玄所培植的曾打败苻坚的北府兵力，已渐渐由其部下刘牢之掌握。同时，昔日与外祖父孟嘉交好的桓温虽已去世，但是他的儿子桓玄的力量正在崛起。

陶渊明是个务实之人，既然还无法兼济天下，那么现在只能选择独善其身。他热络地加入乡下人耕作的队伍，彻底和乡邻们打成一片。他感到自己被一群温暖的人所包围着，他为自己的这种劳作而感到高兴，便兴致颇浓地写下了一首《劝农》：

悠悠上古，厥初生民。傲然自足，抱朴含真。
智巧既萌，资待靡因。谁其赡之，实赖哲人。

哲人伊何？时为后稷。赡之伊何？实曰播殖。
舜既躬耕，禹亦稼穑。远若周典，八政始食。

熙熙令德，猗猗原陆。卉木繁荣，和风清穆。

纷纷士女，趋时竞逐。桑妇宵兴，农夫野宿。

气节易过，和泽难久。冀缺携俪，沮溺结耦。
相彼贤达，犹勤垄亩。矧兹众庶，曳裾拱手！

民生在勤，勤则不匮。宴安自逸，岁暮奚冀！
儋石不储，饥寒交至。顾尔俦列，能不怀愧！

孔耽道德，樊须是鄙。董乐琴书，田园不履。
若能超然，投迹高轨，敢不敛衽，敬赞德美。

这首诗共六章，从上古时期百姓的朴素生活写到后稷播植自给，舜禹躬耕稼穑，认为古代贤达之人尚且躬耕，众人庶士更当勤于耕种，以保自安。最后借孔子、董仲舒专心学业，不事农耕的行为批评那些既不劳作又不进修道德的人。

晋代玄虚之风盛行，上层社会的官员虽然口头上重视农业，但极少有人能够身体力行，从事耕作。他们有时候会下乡劝农，但也不过是虚张声势，做做样子而已。

陶渊明对这样弄虚作假的风气很是不屑，他要用自己躬耕田园的行为来证明自己的意志与品格。在出仕和退隐之间还有另一条道路，那是一条艰辛的道路，是一条真正与底层百姓携手并肩的道路。

和官场上那些追名逐利的所谓正人君子不同，他躬耕田野，放下了读书人的架子，撕下了中国“士人”的脸面，心安理得地享受起与农人一起劳作的日子，享受起自然田园风光。

作为一名士大夫，陶渊明把亲身体验的农耕生活写入诗中，这是第一位；作为一名诗人，田园诗是他的独创，在田园诗中以农耕为主题，更是陶渊明的独创。唐宋以来，尽管也有许多诗人描写田园生活，但是由于缺乏躬耕体验，对人生之道亦缺少深切理解。

陶渊明明白，人生若想修行，不必去到那白云生处，高山寺庙，而应该走往人间烟火之中，躬耕稼穑，与民同乐。

续弦之后

时光总是匆匆，生命来来转转。

回眸那个苍冷的月夜，心依旧隐隐作痛。无数次从梦中醒来，将一些心事遗失在她的一转身之中。陶渊明读过《庄子》，听说过庄周梦蝶的故事，他不知道蝴蝶是他，抑或他是蝴蝶。陶渊明于睡梦之中，亦经常梦见林中的蝴蝶，它们在妻子一转身之后全都被浓雾覆盖。

然而，总有一只蝴蝶逃出梦境，逆流而行，风尘仆仆，越过千山万水，那是爱情的象征。

凡尘俗世之中，多情的诗人不能没有爱情。他的心总是在等待那一只从梦中飞来的蝴蝶，缝补他破碎的梦。他愿意在沧桑的枝叶之间，用一生一世守候蝴蝶的花期。

在时光的脚步里，他因爱而感到孤独，亦因爱而感到甜蜜。终于，又一次，爱神在花开的时候降临，一只蝴蝶从他体内飞出，他的爱又重活了一次。

三十一岁的陶渊明迎娶了第二任妻子陈氏，陈氏像他的第一任妻子王氏一样知书达理，温柔贤淑。

结婚第二年，陈氏就顺利地生了一个儿子，那是陶渊明的大儿阿舒。阿舒长得憨厚可爱，陶渊明一家对于这个来之不易的孩子非常宠爱。次年，妻子陈氏又生了第二个儿子阿宣。阿宣刚学会走路，陈氏又生了一对双胞胎，取名阿雍和阿端。

四个儿子承欢膝下，这让陶渊明感到十分满足。这平淡无奇的人生，或许是最真切的人生。

夜晚读书的时候，他抑制不住内心的高兴，蹑手蹑脚地走到床边，在微弱的烛光映照下，端详孩子们的小脸。

他喜欢和孩子们玩耍，孩子们喜欢放纸鸢，他就给他们做出最美丽的纸鸢。阿舒和阿宣看着父亲给他们做的纸鸢在天上飞，跌跌撞撞地在草地上奔跑追逐。

陶渊明早年丧父，知道父爱对一个孩子的成长是多么重要，他希望经常陪伴在他们身边。然而，在那个食不果腹的年代，享受如此天伦之乐是一种奢侈。四个孩子的降生使陶家口粮开始紧张，若只是靠躬耕，生活难以维持下去。于是，陶渊明不得不离开家，再度去城里当教书先生以补贴家用。

只是，没想到，此去竟成了永别，陶渊明永远记得那一天，妻子怀抱小儿，手牵大儿，站在家门口与他挥手道别的样子，那时候的妻子看起来就有几分憔悴，几分瘦弱，仿佛是镶嵌在门框里似的。这一场景成了他脑海中永恒的画。

时隔多年，又一次来到浔阳，许多事物都已发生改变。他听说现在的江州刺史已经不是王凝之，而是桓温的儿子桓玄。他还听闻王凝之因迷信五斗米道中的阴兵战术，使会稽城失守，在孙恩之乱中死于敌人的刀剑之下。虽然，陶渊明早就觉出王凝之的顽固不化，但一听他居然落得这般下场，也不禁哀叹起来。

他在浔阳教书时，很多人都慕名前来向他请教。曾有少年向他请教博学善闻的秘诀，陶渊明告诉他："勤学如春起之苗，不见其增，日有所长；辍学如磨刀之石，不见其损，日有所亏。"少年听后，向他行了一个大礼，并将它作为自己的人生格言记录下来。

勤学，是陶渊明自小学习悟出的道理，当他还是一个六七岁的孩童时，他的父亲陶逸便告诉他学习的重要性，陶渊明天性爱读书，等到父亲死后，他在母亲陶孟氏的教导下恪守本分，勤学乐读，才有了如今的才学。无论是读书，还是农耕，他都认为事物的长进离不开脚踏实地的努力。这是陶氏务实求真的家风给他带来的影响，他亦用这样的思想去改变当时虚浮的社会风气。

就这样，陶渊明从事着教书的事宜以维持家中生计。然而，他乡下的妻子陈氏不仅要照顾老人和四个年幼的孩子，为了给丈夫减轻负担，她还要去地里干活。由于平日操劳过度，陈氏的身体虚弱不堪，在一个灾荒之年的暮秋季节，她像一阵风一般悄悄地离开了人世间。

二次丧妻，陶渊明悲伤不已，他每天都在寻索妻子留下的足迹。

一天，他漫无目的地来到东园，下意识地走到青松之下。猛然间，他见西侧院墙的一角，有一株菊花于西风中傲然绽放。花枝上缀着三四朵硕大的花朵，几只色白背青的凤蝶正在周围飞舞盘旋。

这情景使他想起了昨晚的梦境。梦中他与陈氏夫人相会，夫人对他说：“我乃天上御花园中的菊花仙子，如今我俩尘缘已了，又重新回到天界，而今天地两隔，望夫君多多保重，勿以我死伤悲。”

从此，陶渊明迷上了菊花，他在东园辟了个花圃，专门用来栽培菊花。凡是经陶渊明亲手栽种的菊花，株株挺拔，花朵色泽清雅，到了重阳节，满园的菊花送来清幽的香气，陶渊明自在地卧在菊花丛中喝酒，俨然一个仙人。

乡邻们纷纷前来观赏陶渊明所种的菊花，他们痴迷于陶渊明这种潇洒淡然的姿态，也想效仿他于这苦涩的日子中寻找一丝光明。

他们来到陶渊明的东园，闻见那花香阵阵，顿时感到心旷神怡，仿佛于这压抑苦闷的现实之中逃离到了另一个世界。于是，他们回去后在自家园中也种满了菊花，开始酿造菊花酒。

这一风气从乡下流传至城里，当时的士人们为了修仙，大多服食辟谷，但从没有人服食菊花，而菊花性淡温和，有一股清新脱俗之气，服食菊花岂不是也能够获得如菊花一般的道德修养吗？于是，士人们便觉得喝菊花酒实在是修道的一种妙方。陶渊明的菊花也就在那个时代闻名起来。

丧妻之后，陶渊明虽然将情感寄托在了菊花上，但生活依旧逃不脱柴米油盐的羁绊。他有一个老母要养，还有四个孩子亟需将他们拉扯长大。母亲劝他再寻一门亲事，来照顾自己的四个孩子。

第二年的春天，陶渊明的第三任妻子翟氏进门。翟氏比陶渊明小一轮，但是却贤惠能干，将陶家打理得井井有条。据《南史》本传说：“其妻翟氏，志趣亦同，能安苦节，夫耕于前，妻锄于后。”陶渊明和小妻翟氏，夫唱妇随，日子过得其乐融融。

尘土悠扬间，我们仅仅是一粒尘埃，难敌日月如梭。

不用刻意去遵守那“曾经沧海难为水，除却巫山不是云”的格言。

深情的人，总是能够于这薄凉的人世间，一次又一次地热爱。

室无莱妇

在诗人的情感世界里，浪漫是第一位。

他们的爱情滚烫而又热烈，唯美而又静谧。为了那份爱情，他们有时候倔强得像个孩子，不顾世俗的眼光，勇敢地追求自己心中向往的纯洁之爱。

然而，浪漫和婚姻又是那么格格不入。浪漫只关乎爱情，与婚姻无染。

当激情渐渐褪去，生活露出平淡的本质，对方的缺点也会逐渐暴露出来。生活中难免为柴米油盐之类的琐碎之事，生出一些磕磕碰碰。然而，细水长流的婚姻，需要相互的包容与关怀。

看似浪漫的白头偕老需要用一辈子的时间去磨合、成就。

陶渊明和他的第三任妻子翟氏最终相伴到老，成全了一段完整而充满温情的婚姻。

妻子翟氏是一个贤惠善良的女子，年纪虽小，但“能安苦节”，可见她与陶渊明的志趣相投，是个能够安贫守节的人。

> 僮仆欢迎，稚子候门。三径就荒，松菊犹存。携幼入室，有酒盈罇。
>
> ——《归去来兮辞》（节选）

文字虽然写的是陶渊明辞去彭泽县令回归故里时的快乐心情，对于他此次辞官归来，翟氏不仅没有流露出一丝的不满，而且还为他举行了一个小小的欢迎仪式。她让童仆们老远就去迎接丈夫，让孩子们在门口等候他们的父亲，还为陶渊明备好了他最爱喝的酒，令他十足地感受到了家的温暖。

从这番隆重欢迎的安排中，我们可以隐约看见翟氏的形象。她不仅理家抚幼、勤劳能干，更是善解人意、温柔贤淑。翟氏自然明白，陶渊明辞官归家意味着什么。然而，她还是尊重丈夫的这一选择，当她看到孩子们因为父亲的归来而欢呼雀跃，丈夫不用再受官场的折磨而身心劳累之时，她亦感到十分欣慰。

可以说，翟氏是懂陶渊明的。她知道他的骄傲与清高，知道他身在官场的苦楚与煎熬，也知道只有身在田园，流连诗酒，纵情山水，他才能活得自在。

或许，她也想让自己生活得丰盈优渥，然而她亦不忍心让丈夫为了名利而丢失了本心。她爱陶渊明，自她嫁给这个浪漫的诗人之后，她便将他的田园牧歌当作了自己的田园牧歌。她已经做好了与他同甘共苦的准备，要和这个满腹才华但又壮志难酬的男人永结同心、不离不弃。

然而，翟氏只是一个甘守平凡的普通女子，她能够理解丈夫的理想与尊严，却还是不能不对他放任自我的生活方式颇有微词。

萧统在《陶渊明传》中记载了这样一件事情：陶渊明做彭泽县令的时候，准备让人把所有公田都种上可以酿酒的高粱，并且得意地说："这下我可以尽情陶醉在酒中了。"可是，妻子翟氏坚持要种稻子。最后的结果，陶渊明做了让步，二顷五十亩种了黏高粱，五十亩种了稻子。

可见，翟氏比陶渊明更善于持家。在现实面前，翟氏是清醒的，她亦是有主见的，她虽然爱眼前的这个男人，但是她不得不为一家人的生活做长久打算，从而否定丈夫天真烂漫的想法。正是由于翟氏的善于持家，才让辞官后的陶渊明一家一次又一次地挨过饥荒岁月。不得不说，这是一个了不起的女子。

有人说，婚姻就是要找跟自己相反的另一面来弥补彼此的不足。翟氏之所以能够陪伴陶渊明到老，或许正是因为她能够在诗人沉迷在浪漫中无法自拔时给予他温柔而善意的提醒。虽然，有时候，这种提醒显得絮絮叨叨，难免让他感到心烦。

陶渊明在《与子俨等疏》中写道："但恨邻靡二仲，室无莱妇，抱兹苦心，良独内愧。"

意思是说，他为自己的邻居之中没有像求仲、羊仲那样的高士而感到遗憾，亦为自己家里没有像老莱子的妻子那样的老婆而心怀苦楚。这里可以看出陶渊明对妻子翟氏稍有牢骚。

老莱子是春秋末期楚国人，他不愿意出去做官，隐居在蒙山之南。楚王想让他出去主持楚国的政局，老莱子的妻子对他说："我听说，可以给你提供酒肉的人，也是可以鞭打你的人；可以给你官做的人，也是对你施加铁制刑具的人。先生倘若吃了人家的酒肉，领了人家的官俸，这些都是受制于人的事情。生在乱世而受制于人，能够幸免于难吗？"老莱子听后深表赞同，于是便带着妻子向南跑到某隐地去了。

翟氏虽然不能像那位传说中的知名隐士的妻子那样，对人生具有非凡的见识，但她不失为一个克俭克勤、吃苦耐劳的好妻子。她所能想到的一切是如何安排好家人的生活，如何保全自己和家人安安稳稳、平淡幸福地过一生。

陶渊明说自己"室无莱妇"透露着对妻子翟氏的不满，但从另一个角度来说，这实际上也只是一个父亲向他的儿子在表达自己的人生信念罢了，亦是拿来教诲儿子该选择怎样的人生之路所说的话。

陶渊明所欣赏的老莱子的妻子的这一做法是一种极为高超的人生智慧。陶渊明知道："既受惠于人，必受制于人。"这就好比鱼和熊掌不能兼得。可是，人们往往总是既想要物质上的富足，又想要精神上的自由，于是一辈子在名利与自由之间挣扎，往往最终一无所获，白白浪费了光阴。

实际上，陶渊明还是能够体谅妻子的苦衷的。在《咏贫士·其七》中，他写道：

年饥感仁妻，泣涕向我流。

丈夫虽有志，固为儿女忧。

在一个饥荒之年，一家老小都在饿肚子，妻子对着丈夫哭泣，陶渊明自然于心不忍，内心充满了深深的忧虑，亦感到了自己作为一家之主的责任。为了自己的妻儿，他可以舍弃那些天马行空的想法，踏踏实实地过平常的日子，这样的日子，他从来不觉得无聊、平庸，只觉得温暖、真切。

原来，诗人的情感世界里，不只有浪漫，更拥有深情。

他深情地对待身边的每一个人，每一样事物。他专注于一事一物，不对外物有非分之想。所以，他甘于寂寞，长于勤奋，最终以傲然的风骨流芳百世，以卓越的才华惊艳世人。

他爱琴书，便能手不释卷，弦断有声；他爱喝酒，便要不醉不归；他爱一个人，也一定要自始至终，爱她到天荒地老。

他，便是这样一个人，既热烈而又清醒，既沉迷而又超脱。

他抛弃世人的唯唯诺诺，努力在那个尚且处于混沌黑暗之中的世界，只身撞开了一扇自由之门，唤醒了无数精神疲惫、灵魂麻木的人。

第四章
心生倦意，暂归园田

只要故乡的那两三间草房还在，那片属于自己的土地还在，甚至自己最亲的人还在，那么，此生便永远有一条退路可走。

桓玄门下

时运不济时，人们选择韬光养晦。收起手中那把锋芒毕露的剑，慢慢积蓄力量。

然而，时间一久，许多人便忘了自己手中持有的那把宝剑。

日子不温不火，很容易消磨人的斗志。有的人失败一次便不敢再失败第二次。于是，他们就待在自己的舒适圈里，将生活的边界变得越来越狭窄，直至陷入不可自拔的抑郁。

其实，学会收剑，是为了更好地出剑。养精蓄锐，是为了伺机而动，一鸣惊人。

陶渊明站在房间内，观看着墙上垂挂的那把宝剑。这剑曾经伴随他游览了许多地方，可是这么多年来，它一直静静地垂挂在那儿，不曾有好的机会再拿出来一试锋芒。

虽然，他是个文人，但是他也会舞剑。

忽然，他的眉宇间闪烁出一丝快意，内心仿佛被什么激动的事物点燃了一般。他一把抽出剑鞘中的剑，一阵凛冽的寒光闪过，只见他身轻如燕，点剑而起。他手中的剑越舞越快，动若飞龙，疾若闪电。剑过处，习习生风，吹动桌上散放的白纸。最后，他按剑在手，将宝剑重新装入剑鞘。

一番舞弄之后，他便感觉精神抖擞，仿佛回到了当初那个仗剑远游的少年时期。

这一次，他想要带着这柄宝剑再度出发，去做桓玄的幕僚。因为他听说桓玄这个人颇有雄才大略，且博综艺术，善于属文。陶渊明一心以为他就是自己的伯乐。

自晋孝武帝被宠妃张贵人用被子捂死之后，晋安帝司马德宗继位，以司徒、会稽王司马道子为太傅摄政。司马道子重用小人王国宝和王绪，朝廷日益昏聩腐败。桓玄在荆州起事成功，一路势如破竹打到了石头城下，掌握了东晋王朝半壁江山的兵马控制权，当时许多人都将挽救东晋的希望寄托在桓玄身上。

隆安四年（400 年），桓玄担任都督江州及扬州、豫州共八郡诸军事，领江州刺史。他正在四处搜罗有清望的名士，招致自己的幕府，以提高自己的声望。陶渊明已是浔阳一带有名的隐士，自然地，桓玄想召他入幕。

陶渊明的外祖父孟嘉曾在桓玄的父亲桓温的幕府多年，他的叔叔陶夔又在桓玄的哥哥桓冲那里做了多年的参军。因此，他在桓玄那里也具有良好的关系和人脉。

就在不久前，叔叔陶夔还给陶渊明寄来一封信，告诉他自从桓冲死后，他就离开荆州去了京城做太常卿，并且希望陶渊明去投奔桓玄以便施展他从前的抱负，为国为民做一些事情。

陶渊明亦从最近广为流传的一份桓玄写给朝廷的奏折之中，看出他的确具有良好的文学修养，便觉得与之趣味相投。桓玄在奏章中说，自己的志向像先父桓温一样，“以身报德，投袂乘机”，要“使窃号之寇系颈北阙，园陵复修，大耻载雪，饮马灞浐，悬旌赵魏”，完成北伐大业，他还指出朝廷“权门日盛，政丑日繁”的现状，提出“去凡佞、擢俊贤”等许多正确的主张。

既然如此，陶渊明便怀着很大的热情准备投入桓玄的麾下了。

就这样，三十六岁的陶渊明再度出仕，佩戴着他年少时的那把宝剑，一路风尘，前往江州桓玄的中军大帐。

还未进入军帐，陶渊明便听到里面有歌舞之声。他以为桓玄一定是在宴客，进去一看，却见桓玄一个人在欣赏美女歌舞，面前的案几上摆着美酒佳肴，身边还有一左一右两位侍女在劝酒邀宠。

桓玄见陶渊明进来，也不停止歌舞，只是大声问道：“来者何人？”并持有一副骄横傲慢的姿态。

桓玄当时只有三十岁，可是这副情形之下，陶渊明只觉得眼前这个人体态发福，好色贪杯，没有一点英武神气的模样。他回答桓玄，自己正是陶夔的侄子陶渊明。桓玄一听是陶渊明，便立马让歌女们都退了下去，并做出一副礼贤下士的样子，请陶渊明坐下。

桓玄对陶渊明大力吹捧，从陶渊明的曾祖父陶侃一直夸到他写的那些诗赋，最后让他担任自己幕府里的参军，还许诺日后让他升迁高职。

初次见面，陶渊明虽然对桓玄的印象并不好，但被委以重任，便打算留下来。

然而，桓玄并不像陶渊明想象中那样信任他。每逢和长吏下范之谈话时，桓玄总是刻意回避他。世上没有不透风的墙，时间一久，陶渊明便看出桓玄并无北伐之意，他在荆州任用心腹招兵买马，打算假借讨伐于东南沿海一带发起叛乱的孙恩来扩大实力，以实现自己的政治野心。

在这样的自私小人手下做事，不可能实现自己的抱负。因此，陶渊明萌生了去意。但是上贼船容易，下贼船难。桓玄的将军府不是王凝之的刺史府，想来就来，想走就走。一旦把桓玄惹恼了，说不定还要掉脑袋。

幸好当时有一个机会，可以让陶渊明远离这个是非之地。为了向朝廷申请讨伐孙恩，桓玄命陶渊明写《讨海贼表》。陶渊明写好奏章之后拿去给桓玄看，桓玄很是满意，即日就让他收拾行装亲自将《讨海贼表》送往京都建康。

从江州到建康的路上，陶渊明看到豪强士族们霸占着土地，为非作歹，穷人们只好饿肚子。官府强行抓住青壮年去当兵，有的村庄刚经过战乱，浓烟滚滚，妇女和小孩在成为废墟的房屋面前哭泣。

山河动荡，民不聊生。

这样的惨象，陶渊明实在是目不忍视、耳不忍闻。

然而，他现在又能做什么呢？有能力的军阀巨头不为江山社稷、黎民百姓着想，一心想要成为贪婪的霸主；有学识、有良心的士人只能隐居山林，不问世事。

这世道是不是早就没有救了？

反正，桓玄的幕僚，他是永远也不打算做了。

静念园林

如果，你在这个世界上奔波劳累，感觉已经没有什么地方可以接纳自己的落魄与破碎，伤心与失望。那么，会收留你的还有故乡。

因为只要故乡的那两三间草房还在，那片属于自己的土地还在，甚至自己最亲的人还在，那么，此生便永远有一条退路可走。

在一个无法实现理想的时代里，回到故乡，回到田园，或许是最好的选择。

然而，陶渊明看到，在江南八郡的土地上，许多人的家园都已经被破坏。在伸手不见五指的凉夜，一队队流民连夜逃离故土，去寻找新的土地。

黑夜中，外面传来哭泣声、厮杀声……逃亡的人手里早就没有了粮食，强撑着最后一口气倒在了路边，还有一些人为了抢夺最后的物资，互相残杀。

陶渊明看着自己手里的剑，他想要走出客栈，拔出剑刃主持公道，但是又按住了剑。在一众流民的厮杀之中，他的拔剑相助不会起到大的作用。

他再也忍受不了眼睁睁看着同胞们互相残杀，于是，只能跨上那匹桓玄为他准备的马，于茫茫黑夜中，离开了那个地方。

马蹄扬起尘土，腰间的宝剑在马背上“铛铛”作响，他快马加鞭地赶往建康。从黑夜跑到了黎明，从黎明又跑到了黄昏。

终于，他来到了京都建康。这里比起他之前途经的那些地方真是另外一个国度，不仅没有悲哀的哭泣声，而且还有浮靡华丽的音乐从亭台楼阁中飘来，那些达官显贵都是一副养尊处优的神态，他们哪里知道就在不远百里的地方，人们正衣不蔽体、食不果腹，过着水深火热的日子。

夕照下的建康城，虽然到处都是高楼殿宇，在陶渊明的心中却显得那么凄迷忧伤。那些冷冰冰的高墙、翘脚的飞檐，仿佛都在诉说着这个时代的衰亡。

他放慢了马的脚步，无所期待地走过建康城里的街巷，自己和那匹马的影子被夕阳拉得格外长，格外瘦弱。孤独感，在这座豪华又冷漠的城市中油然而生。

当走到一处府邸前时，他从马背上跳下来，那是家叔陶夔所住的地方。叔叔陶夔跟自己的关系一直很亲密，陶渊明自小丧父，陶夔给他们孤儿寡母不少帮助。

门人将陶渊明带至府内，他终于拜见了家叔。府内陈设都很简便，只添了两个门僮和一个做饭的老妈子。陶夔告诉他，这几年连年征战，军费浩大，国库空虚，官吏的薪俸很难发出，朝廷规定司徒以下的官吏每天领七升米代替薪俸。他叹了口气道：“如果我哪一天告假还家，恐怕连这七升米都吃不起了。”

既然家叔的日子也不好过，他就不便久留。次日一早，吃罢早饭，他便去找司马元显交差，好早日回家。

司马元显的府邸富丽堂皇，门口的侍卫向内通报后便召陶渊明进去，里面五步一楼、十步一阁，假山怪石、奇花异兽，无所不有。绕过一道屏风，他见到了司马元显。

他才二十岁，脸上没有一点儿胡须，面孔很白，正端坐在一张长榻上，开口问：“你就是桓玄派来的吗？”

陶渊明赶紧递上《讨海贼表》。

司马元显煞有介事地看了一眼奏章问道：“桓玄真的想平定海贼吗？”

陶渊明答道：“是。”

司马元显继而哈哈大笑道：“区区几个海岛蟊贼，哪里用得着桓大将军出力。我已经叫我的北府军去平定海贼，不日即可将之一举歼灭。”随后，便让陶渊明退下。

陶渊明从司马元显府邸出来，日光当头照，天气倒是很好。虽然司马元显没有批准桓玄讨伐孙恩的事，但是，他已经将《讨海贼表》上奏给他，这项差事总算完成了。

他感慨道：“司马元显年纪虽小，但口气大得不得了。江山社稷竟然掌握在这样一个乳臭未干的娃娃手里，真是荒唐至极啊！”想到这里，他仍然心事重重。

不过，他还是稍感欣慰，因为他终于可以回家省亲了。这一次回家，他走的是水路。为了尽快与母亲、妻儿见面，陶渊明不断催促舟子快速行驶。然而，事与愿违，舟到规林时，天色突变，风浪骤起，他们不得不泊舟以待天气好转。

那天晚上，陶渊明的心情稍稍平定了下来，外面的风还在猛烈地摇动着小船，他借着舟中昏暗的灯光，写下了两首诗，题为《庚子岁五月中从都还阻风于规林二首》：

> 行行循归路，计日望旧居。一欣侍温颜，再喜见友于。
> 鼓棹路崎曲，指景限西隅。江山岂不险？归子念前涂。
> 凯风负我心，戢枻守穷湖。高莽眇无界，夏木独森疏。
> 谁言客舟远？近瞻百里余。延目识南岭，空叹将焉如！

> 自古叹行役，我今始知之。山川一何旷，巽坎难与期。
> 崩浪聒天响，长风无息时。久游恋所生，如何淹在兹。
> 静念园林好，人间良可辞。当年讵有几？纵心复何疑！

两诗皆是借景抒情之作。第一首反复陈说被阻穷湖、急切归家而不得的苦恼；第二首进而感叹行役之苦，并借眼前自然景象暗喻仕途的风波险恶，委婉地抒发对官场的厌倦和对园林生活的向往之情。

“静念园林好，人间良可辞。”在这个世界上，如果非要找一条出路，既能供自己温饱，又能够让自己不受世俗的污染，那便只有回到田园，勤事躬耕，一分耕耘，一分收获。

在乡下，面朝黄土背朝天。从大地上听到的每一个声音都是真实的，那是大自然最美妙的声音。

诗人最终选择远离官场，回到乡下，正是因为他需要倾听真实的语言，并且用真实的语言去诉说他对于生命的体验。

只有接近土地，人才能变得质朴真淳。陶渊明把自己对于大地的体验写成一首首诗歌，他将他对生命的理解写给我们。

进退两难

喧嚣的狂风，寂寞的孤灯。

诗人坐在左右摇摆的船中，写罢诗歌，与舟子絮叨起来。

旅途风波未定，小小的船中只有这两个人：一个是妙笔生花的诗人，一个是浪迹天涯的舟子。

舟子问：“先生刚才写的是什么诗？”

陶渊明叹了口气道：“不过是一些无来由的感兴之作。”说罢，便将诗稿拿起来读给舟子听。

舟子听后，神色愀然，说起了这些年他划船转徙于江湖间所经历的那些风风雨雨。陶渊明静静地听着，且拿出自己的一壶酒给舟子倒上。这时，舟子才拿下头上的斗笠，在陶渊明的对面坐下。

灯光照着舟子写满风霜的脸，他问舟子，为何不选择一处地方停留下来，过那“日出而作，日落而息”的安定生活。舟子说他早就习惯了漂泊在水面上，他无儿无女，对于陆地并无多少牵挂，他一个人自由自在，来去自如。

陶渊明大笑，表示羡慕舟子的生活，向舟子频频敬酒。两人边聊边喝，最后沉沉睡去。

次日，湖面终于风平浪静，二人睁着迷蒙的双眼醒来，见身边酒壶已空，诗人昨夜所写的诗稿散放在一边。舟子起身，望了一眼舱外的天气说："先生，今日天气好，我赶紧划船，不久便将你送往家中。"

陶渊明的醉意似乎还未消去，他朦朦胧胧地坐在舱中看着奋力划船的舟子，心想："如果哪一天也能像这舟子一样，将船摇向任何一处想要去的地方，隐姓埋名，做一个普普通通的无名之辈，难道不比身在官场，劳心费神来得强吗？"

此时，舟子哼起了歌，是一种欢快的曲调。陶渊明的心情也跟着大好起来，舟子的歌声让人觉得昨夜他亲口所说的那些发生在他身上的故事已经离他远去，他仿佛是一个未经世事的少年一般。陶渊明也敲打着船舷，跟着舟子一同唱起了歌。

回家后，陶渊明看到母亲卧在床上，妻子翟氏正在床边侍奉汤药。原来，在他离开家的小半年时间里，母亲陶孟氏生了病，身体很不好。陶渊明的内心顿时感到十分愧怍。

然而，陶母见到儿子回来，十分开心。她告诉陶渊明，不必担心她的身体，她只是前几天偶感风寒，马上就会好的。陶渊明知道这是母亲在安慰他，因为母亲明明病得很严重，说话的间歇不断地咳嗽，人也消瘦无光，他很想留在母亲身边照顾她，可是他还要回到江陵去给桓玄交差，只能在家里小住几天。

这一别又是半年，直到腊月，桓玄才让陶渊明休假回家过年。回家后，陶渊明看到母亲虽然下了床，但是身子驼得厉害，走路扶着拐棍颤颤巍巍。陶母好不容易才认出陶渊明，嘴唇哆嗦了半天，才说出一句话。陶渊明意识到：这个冬天她是好不容易才熬过来的，母亲离大去之期已经不远了。他亦蓦然发现，自己年近不惑，却还一事无成。

隆安五年（401 年），这年正月，陶渊明和几个同乡好友一起去近郊游玩。

天气晴朗，天空澄澈，大家依长幼顺序围坐，依傍着溪水，眺望庐山美景，举起酒杯互相敬贺。

望着高耸入云的庐山美景，陶渊明感叹不知道明年的今日，还能不能和大家在一起游乐。当时的政局十分动荡，陶渊明对国家的命运以及自己个人未来的生活充满了深深的忧虑。只能借酒消愁，却愁上加愁。

过完年后，陶渊明又不得不返回江陵桓玄的幕府之中。听说孙恩已经沿着水路逼近建康，京都形势万分危急。桓玄又一次让陶渊明起草《讨海贼表》，陶渊明知道桓玄的最终目的不是消灭孙恩，而是夺取东晋的政权。他整日忧心忡忡，拖拖拉拉好几天都没有将表写完。

一天，他忽然收到家中的来信，说陶母病危，要陶渊明赶紧回家一趟。这实在是一个脱身的好理由，陶渊明赶紧写完《讨海贼表》，将之递交给桓玄，并以老母病危告假。

桓玄听后脸色马上沉了下来，不过还是批准了陶渊明的休假。

陶渊明立马收拾东西，当天即踏上了归途。等他到了家中，倒是发现陶母的精神好了许多。母亲见陶渊明回来，既感到惊喜又感到内疚，生怕自己的身体拖累了儿子的前途。

陶渊明在家才待了几天，陶母便赶紧催促陶渊明回去江陵。陶渊明害怕自己的事情给母亲再添心病，只好又回到江陵去了。

他坐着小船，沿着长江逆水而行，经过涂口（今名金口，在湖北武昌）时，写下了《辛丑岁七月赴假还江陵夜行涂口》一诗：

闲居三十载，遂与尘事冥。诗书敦宿好，林园无世情。
如何舍此去，遥遥至西荆。叩栧新秋月，临流别友生。
凉风起将夕，夜景湛虚明。昭昭天宇阔，皛皛川上平。
怀役不遑寐，中宵尚孤征。商歌非吾事，依依在耦耕。
投冠旋旧墟，不为好爵萦。养真衡茅下，庶以善自名。

陶渊明说自己自从辞去江州祭酒以来，已经闲居了六年，在那六年里他只知道春季秋季在田间耕作，冬天夏天在家中读书，活得逍遥又快活。他不明白自己为什么要舍弃家园，跑到遥远的江陵去。这个夜晚，他终于想明白了，肮脏而又险恶的官场实在是自己不该待的地方。

他躺在船舱的甲板上，头枕着双臂，在晃晃悠悠的水浪之中无法入睡。他想不出一个好的办法摆脱桓玄，为加入桓玄的幕僚而感到万分懊悔，现在骑虎难下，进退两难，身不由己。

望着船头，他想起上一次遇见的那个舟子。他多希望这条船顺着江流飘到无所谓的地方去，最好永远不要到达江陵的岸边。

他多想成为那个闲来闲去的舟子，将生命绽放在这云水之间。

然而，桨声欸乃，次日傍晚，船便靠近了江陵的岸边。

江上灯火，照耀如昼，水兵们正在加急操练。

看来，桓玄就要进攻建康，反叛朝廷了……

为母守丧

夕阳渐渐落下，天边泛起昏黄。

不久，天地一片黑暗。

水兵们在江上将火把燃起，操练声此起彼伏。江面上的战船来来往往，密密麻麻一眼望不到尽头。船上的牙旗、帅幡、旌旄，在江风中猎猎招展。近处，工匠们正在锻造兵器铠甲，炉火熊熊，映红了半条江。

望着眼前的情形，陶渊明的心中充满了惶恐，因为一旦桓玄发兵，他就要被裹挟其中，成为乱臣贼子，活着将辱没老母、妻儿，死后无颜见陶家列祖列宗……

此次从家中回来，陶渊明最担心的就是病弱的母亲，虽然那几日母亲看上去精神还不错，但他心里总是有一种不祥的预感。

果然，他前脚刚一上岸，进入桓玄的府中，后脚就有一封从家里来的急信紧跟而来。展开信，他收到的是陶母亡故的噩耗。

陶渊明双手捏紧信纸的两端，不断颤抖，泣不成声。这一次，无论如何，他都要回到乡下去了。于是，他立马给桓玄留下一封亲笔书信，说他需要立刻返回家中为母亲治丧。

这样的理由，桓玄是无法拒绝的。古代，父母去世，子女都要为之守孝三年，做官的需要辞去官职回到家乡守孝，这是朝廷的通律。

陶渊明就这样怀着对亡母的悼念之情，还没有来得及与桓玄碰面，就驾驶着一叶扁舟，十万火急地向自己的家园驶去。

江陵的灯火在一点点远去，夜色沉沉地落在江面。战船上水兵们的口号声虽震天动地，然而，这一切都在陶渊明的心中弱下去了。他心中发出一道惊雷般的巨响，那巨响不是来自三军的呐喊，而是来自远方老母的死讯。他哭泣着，流着泪，就像孩童时候某个不懂事的时刻，围着母亲要吃梨，母亲却要给他讲谦让的故事。

“母亲……”陶渊明站在船头，朝那苍茫的夜色高喊。然而，那一声呼喊好似一个再也无法触及的温暖，消逝在重重的青山之间。

夜以继日地赶往家中，终于看到的是母亲在厚重的棺椁里轻薄而冰冷的躯体。这位曾经是征西大将军孟府君家的小姐，就这样安详地结束了自己的一生。

家人们个个都哀声啜泣，围着棺椁，祷告念经。嫁到武昌的程氏妹，得知母亲去世的消息也回来了；在京都任太常卿的叔叔陶夔一家也来为陶母治丧；母亲的娘家孟氏也派人前来吊唁。

陶母的丧事办完后，陶家的亲戚便各自离开了。程氏妹嫁到武昌之后，迫于家务事重，很少有机会回娘家。此次回来，陶渊明发现妹妹亦憔悴了不少，程氏妹让陶渊明节哀，陶渊明则让程氏妹回到武昌家中应多保重身体。

叔叔陶夔则跟陶渊明提起近来在建康发生的事，朝廷已经知道桓玄的野心，正打算派司马元显和刘牢之的大军去讨伐他，幸好陶渊明已经辞官回乡，否则就难以脱身了。

陶渊明清楚桓玄的军事实力，为朝廷的此番举动感到担心。他告知叔叔身在官场，一定要多注意自身的安全。

晋安帝元兴元年（402 年）元日，司马元显亲自挂帅，任骠骑大将军、征讨大都督，都督十八州诸军事，又任命刘牢之为前锋都督，共同下江讨伐桓玄。然而，两人离心离德，刘牢之觉得司马元显惯用小人，容不下自己，不愿意落得兔死狗烹的命运，就派儿子刘敬宣作为专使，正式向桓玄投降。

在建康王师的帅船里，司马元显还在和将士们纸上谈兵，桓玄的大军却在刘牢之投降之后如入无人之地，跃马扬鞭直捣建康城内。司马元显束手就擒，连同他的六个儿子被斩首示众，他的父亲司马道子亦被桓玄用毒酒杀害。从此，桓玄一人独揽朝廷内外军政大权。

桓玄收拾了司马道子父子之后，就调任刘牢之为征东将军、会稽内吏，实际上是要夺去他的兵权。刘牢之找部将商议进攻桓玄，然而，将士们一致反对。刘牢之众叛亲离，最终被桓玄剿灭。他的儿子刘敬宣逃到洛阳，请求后秦姚兴派兵攻打桓玄，姚兴只让他自行招募几千兵马在彭城一带活动。

这时孙恩又在临海郡附近登陆，准备向南打到广州。但他的兵力极为单薄，被临海太宰辛打败，全军覆灭，孙恩最后投海自杀。起义军的残余人马共推孙恩的妹夫卢循为主帅，继续活动。桓玄派刘裕去征讨，卢循打不过刘裕，逃到了广州。

晋安帝元兴二年（403 年）十一月，桓玄逼迫晋安帝禅位。十二月，桓玄正式登基，国号为楚，改元永始。

陶渊明听到桓玄篡位的消息，简直不敢相信自己的耳朵。这桓玄的帝位肯定是坐不长的，他父亲桓温可以随随便便废立皇帝却不敢自己称帝，就是怕一旦称帝就会成为天下人共同的靶子。如果桓温算是一代枭雄的话，那么桓玄只能算是一个跳梁小丑，很快就会死无葬身之地。

陶渊明闷闷不乐，整日枯坐在家中，他想，当初幸好在桓玄起兵叛乱前脱身了，否则就要被天下人看作他的帮凶和奴才了。此念一想，他便更加思念自己的母亲，感叹母亲是用自己的性命保全了他一生的名节啊！

为了纪念死去的母亲，他写下了《晋故征西大将军长史孟府君传》，传记还有另外一层含义：孟嘉当了桓温多年的长吏，但始终没有与桓温同流合污，就像自己虽然做过桓玄的幕僚，但不曾和桓玄同流合污。陶渊明特别突出了外祖父的品德和节操，也是为了表达自己的志向和情操。

写完这篇文章，窗外下起了大雪，三十几年了，从未见过下这么大的雪。

这场雪好像在暗示东晋又将发生一次地动山摇的变化。

妻子翟氏走过来，将窗关上，一家人裹紧了大衣坐在火盆前烤火。

雪落在屋顶上、空地上、树枝上，层层叠叠地覆盖着这个世界。

炉火将妻儿的脸烤得通红，细柴燃烧后于寂静中发出“哔哔啵啵”的响声。

陶渊明亲昵地将孩子们抱起，让他们坐在自己的膝盖上。

此刻，他最想要陪伴的是自己的家人，他想要为他的孩子们唱一首温馨的儿歌……

轻掩柴门

世事繁杂，红尘万丈。

诱惑与锦绣，琳琅满目，一颗穿行于烟火中的心太容易被裹挟。

行走在这纷繁喧嚣的世间，需要暂时卸下满身的疲惫，闭目静听岁月的流声。

捧一杯热茶，读两页闲书，听一首琴曲。

将平常忙碌的日子折叠成舒缓，用温柔的指尖轻抚心上的疼痛，任阳光如栀子花般于眼角一朵一朵地绽放……

说到底，我们只不过是这滚滚红尘中的过客，无需将日子过成一张紧张而易崩裂的弦。

于是，诗人们寻找一个远离尘嚣的地方，妥帖安放那颗为俗世所劳累的心灵；徜徉在自然山水之间，享受一份无与伦比的酣畅与洒脱。

陶渊明如今辞去官职，丁忧在家，难得有大把的时间纵情山水，流连于自然田园之间。

耕作、读书、弹琴、饮酒、写诗，他的日子过得静谧而又安闲。

元兴二年（403 年）初春，为了方便劳作，陶渊明在田地旁边临时搭建了一个草棚子，用来堆放农具。他给这个草棚子起了个雅号，叫作“怀古田舍”，并作《癸卯岁始春怀古田舍二首》：

在昔闻南亩，当年竟未践。屡空既有人，春兴岂自免。
夙晨装吾驾，启涂情已缅。鸟哢欢新节，泠风送馀善。
寒竹被荒蹊，地为罕人远。是以植杖翁，悠然不复返。
即理愧通识，所保讵乃浅。

先师有遗训，忧道不忧贫。瞻望邈难逮，转欲志长勤。
秉耒欢时务，解颜劝农人。平畴交远风，良苗亦怀新。
虽未量岁功，即事多所欣。耕种有时息，行者无问津。
日入相与归，壶浆劳近邻。长吟掩柴门，聊为陇亩民。

这两首诗，是诗人用田园风光和怀古遐想所编织成的一幅图画。

第一首，叙述劳动经过，描绘自然风景，缅怀古圣先贤。盛赞他们躬耕田亩、洁身自守的高风亮节。

第二首，以先师遗训“忧道不忧贫”之不易实践，夹叙了田间劳动的欢娱，联想到古代隐士长沮、桀溺的操行，而深感忧道之人的难得，最后以掩门长吟“聊作陇亩民”作结。

两诗犹如一阕长调词的上下片，内容既紧相联系，表现上又反复吟咏，回环跌宕，言深意远。整首诗和谐一致，平淡自然，不假雕饰，真所谓浑然天成。

陶渊明说自己很早就听说南村的水田很肥沃，却不曾亲自耕种过。现在，他穷得跟“屡空”的颜回一样，为了不饿肚子，只好投入春耕中去。他赞许颜回的安贫乐道，亦将先师孔子的遗训“忧道不忧贫”牢记在心，但是他不能像孔子那样饿着肚子还不事耕种，那样的话就只能等着被活活饿死。

这时候，陶渊明的生活愿望十分朴素，想要通过耕种养活自己和自己的家人，以求心安理得。于是，他热切地投入农事中去。

晨光熹微的时候，他就从村落里出来，架好车马，下地干活。

一路上，凉风习习，鸟声婉转，他的内心感到无比欢畅。

虽然身在人迹罕至的偏僻之地，但因少了羁绊，便觉得自在悠闲。他甚至觉得，那些汲汲于功名的人们是可悲的。

此时，他终于理解了植杖老翁的遁世选择。

劳动不仅没有使陶渊明感到辛苦，反而给他带来了极大的乐趣。他手执犁锄按时耕种，高高兴兴地劝慰一起耕种的农友。

平旷的土地像一位沉睡的少女，远方的风儿轻轻地吹拂，田里的麦苗茁壮成长。虽然还不知道今年的收成是好是坏，但从事农事本身给人带来了快乐。

耕作得累了，他们就坐下休息。太阳落山的时候，大家就结伴回家。他提着酒壶去慰问近邻，回家后长吟着诗句，将柴门掩蔽。

陶渊明选择归隐是出于无奈，虽然他天性淡泊，不慕名利，但他原本心存济世之志，希望有所作为。只是经过了一段官场生活之后，他很失望，渐渐生出一颗叛逆之心，甘愿“长吟掩柴门，聊为陇亩民”。

这一年的冬天，从弟敬远搬到乡下和陶渊明同住。此时陶渊明三十九岁，而敬远才二十三岁，正是意气风发的年纪。敬远是陶渊明一位已故叔叔的儿子，敬远的母亲和陶渊明的母亲都是孟嘉的女儿，故而他与这位兄弟的关系格外亲密，亦对之多有关照。

敬远此次来到乡下，为的是向陶渊明学习读书耕作之道，以便将来走上匡世济民的道路。敬远的理想就像从前的陶渊明那样崇高而神圣。

然而，这一年，陶渊明辛辛苦苦耕作了那么久，还是没有多少收获，现实给了他一记重击——他们只能过饥寒交迫的日子。对陶渊明来说，将这样的穷困潦倒展现给从弟，应该是一件难堪的事情。

于是，为了表明自己的志向，陶渊明写了一首诗给敬远，以此来勉励这个风华正茂的年轻人，亦是为了给自己的生活增添一份信心和勇气。

寝迹衡门下，邈与世相绝。顾盼莫谁知，荆扉昼常闭。
凄凄岁暮风，翳翳经日雪。倾耳无希声，在目皓已洁。
劲气侵襟袖，箪瓢谢屡设。萧索空宇中，了无一可悦！
历览千载书，时时见遗烈。高操非所攀，谬得固穷节。
平津苟不由，栖迟讵为拙！寄意一言外，兹契谁能别？

——《癸卯岁十二月中作与从弟敬远》

那年开春，陶渊明在诗中写他于春耕生活中的欣喜与闲适。然而，生活的真相并不总是岁月静好，而是一地鸡毛。只是，淡定从容的人懂得在这一地鸡毛之中捡拾生活的美好。

当贫穷的生活赤裸裸地横放在眼前时，陶渊明诚实地将它写在诗歌之中，他对自己凄苦的心情不加以粉饰。

如果非要在物质和精神痛苦之间选择一种，那么，陶渊明必然选择的是忍受物质上的贫穷。于是，在仕与隐的道路之间，他选择了归隐。

他说“高操非所攀，谬得固穷节”，虽然是对自己的一种嘲讽，但也表明了自己高洁自守、坚定不移的志向。

在那样一个人人都不易找到出路的时代，陶渊明的精神无疑感染了许多人，救赎了许多人。因此，他虽然远在深山，亦常常有人前来拜访，和他品酒论诗，那也算是人生的一大慰藉了。

这一年，好友刘遗民前来拜访。刘遗民就是刘程之。陶渊明与他相识于桓玄的府中，桓玄十分欣赏刘程之，曾多次邀请他加入自己的幕府，但是刘程之一直没有答应。元兴元年（402年），刘程之任柴桑县令。元兴二年（403年），刘程之得知桓玄篡位的消息后，立刻将自己的名字改为刘遗民，以表明自己是晋朝的遗民，与桓玄彻底决裂。刘遗民辞去县令一职，隐居庐山的西林，离陶渊明所住的地方不算很远。

好友到访，陶渊明无比欢喜。他们有着共同的志趣爱好，那些天，他们纵论天下，把酒言欢，畅快至极。

刘程之走后，陶渊明很是失落。

身处乱世，何时能再重逢，没有人知道。

可是也没有办法。聚散自古匆匆，就像花开花谢，月圆月缺。

人生若寄

人生若寄，飘渺如尘；岁月峥嵘，往事如歌。

漫长的光阴中，相约在一起的人，已经不知不觉走远。

万物皆有因果，相逢只是刹那。再浓郁的世味，再美好的韶光，终有一天会淡如白水。到最后，与你执手相伴的，唯有那永不会变的明月清风、山涧流水。

诗人在南村开辟几亩良田，在地旁修建了一间草庐，他将这世间的熙熙攘攘转换成了淡定从容。

只是，在这样的日子里，他还是免不了寂寞。因为从前相知相交的亲友，天各一方。在这个风雨飘摇的乱世，朋友们太难相聚。

他总是一个人独坐在东窗之下，百无聊赖地喝着闷酒。清风徐来，许多情绪便会翩然而生。几分悠然，几分伤感，几分欢喜，几分惆怅。这时候，他喜欢写诗，记录心情。

那日，烟雨朦胧之中，他独饮于东窗之下，写了首《停云》：

霭霭停云，濛濛时雨。八表同昏，平路伊阻。
静寄东轩，春醪独抚。良朋悠邈，搔首延伫。

停云霭霭，时雨濛濛。八表同昏，平陆成江。
有酒有酒，闲饮东窗。愿言怀人，舟车靡从。

东园之树，枝条载荣。竞用新好，以招余情。
人亦有言：日月于征。安得促席，说彼平生。

翩翩飞鸟，息我庭柯。敛翮闲止，好声相和。
岂无他人，念子实多。愿言不获，抱恨如何！

茫茫尘世，能够以知交身份，对酌春酒，谈笑风生，真乃快慰人生。然而那日，陶渊明只有自己。烟雨朦胧之中，独饮流年，身影寥落。举目四顾，空山茫茫。没有人赴他的春日诗酒之约。诗中除了写独自斟酌的孤独，也暗含了对家国之事的关心。

同年，暮春时节，陶渊明在东郊踏青，写下一首《时运》：

迈迈时运，穆穆良朝。袭我春服，薄言东郊。
山涤余霭，宇暧微霄。有风自南，翼彼新苗。

洋洋平津，乃漱乃濯。邈邈遐景，载欣载瞩。
人亦有言，称心易足。挥兹一觞，陶然自乐。

延目中流，悠想清沂。童冠齐业，闲咏以归。
我爱其静，寤寐交挥。但恨殊世，邈不可追。

斯晨斯夕，言息其庐。花药分列，林竹翳如。
清琴横床，浊酒半壶。黄唐莫逮，慨独在余。

暮春时节，春和景明，惠风和畅，陶渊明穿上春服，独自游赏于郊野。他想起孔子的弟子曾点描绘的那幅“沂水春风”的画卷：“冠者五六人，童子六七人，浴乎沂，风乎舞雩，咏而归。”这是孔子以及他的弟子们理想中的社会图景，也是陶渊明所向往的社会生活。

在理想的社会中，人们不用为生计马不停蹄地奔波，而总是有闲暇的时间出来赏玩风景。譬如到了这暮春时节，就该有许多人出来游春。

然而，现在能够有这番闲情逸致的人只有他自己。

“独乐乐，不如众乐乐。”于是，眼前的风景，即便是云淡风轻，鸟语花香，却少了与人共享的乐趣，也就多了几分遗憾。

尽管他好像在那一瞬间与天地万物融为一体，达到物我两忘的美妙境界，但他心中依旧颇不宁静。

“我爱其静，寤寐交挥。但恨殊世，邈不可追。”等他从陶醉之中清醒过来，才发现那样诗意而和谐的画面，只存在于遥远的古代和他的想象之中。真实的世界，战乱不息，民不聊生。想起这些，陶渊明难免感伤。

春游结束，陶渊明回到了居所。简朴的草庐里，素琴一张，浊酒半壶。他的日子，清澈而孤独，节制而淳朴。

陶渊明的文字如他的性格，中正平和，有着谦谦君子的风度。所以，总是给我们营造出一种岁月静好的错觉。我们误以为在那些日子中，他甘愿放下这人世间的一切，投身为一名不问世事的农民。

但是，三年居丧期满的陶渊明，还是在等待一个可以入仕的机会。因此，他虽然喜欢喝酒，却从不把自己喝得烂醉如泥。只需半壶酒，一张素琴，日子不要过得那么寡淡无味就好。他虽然身居乡野，却依旧心系天下，希望能够和朋友畅谈沧海，指点江山。

这样的他，既是一个诗人，也是一个仁者。

此番心境，在他那时候所写的另一首诗《荣木》中更加清晰可见：

采采荣木，结根于兹。晨耀其华，夕已丧之。
人生若寄，憔悴有时。静言孔念，中心怅而。
采采荣木，于兹托根。繁华朝起，慨暮不存。
贞脆由人，祸福无门。匪道曷依？匪善奚敦？
嗟予小子，禀兹固陋。徂年既流，业不增旧。
志彼不舍，安此日富。我之怀矣，怛焉内疚！
先师遗训，余岂之坠？四十无闻，斯不足畏。
脂我名车，策我名骥。千里虽遥，孰敢不至！

荣木，即木槿。到了夏天，木槿花盛开，淡淡的紫色花朵香气扑鼻，开满了东园。然而，它的花期很短，朝开暮闭，这让陶渊明联想到自己的人生亦像这木槿花开一般短暂。

这三年，丁忧在家，闲居乡下，虽然也享受到了一些清闲宁静，但是，人生的理想还没有实现，就这样了却一生难免遗憾。时不我待，人若不勤奋，即使“总角闻道”，也会“白首不成”。

“四十无闻，斯不足畏。”显然，此时的陶渊明尚未熄灭功名之心。假如这个时候，有人请他出仕，他当紧紧抓住这一机会，备好车马，策马扬鞭疾驰而去。

“人生若寄，憔悴有时。”许多事情最后注定要被披上一层尘埃的落纱，模糊地淡去。然而，在那之前，我们还有太多的风景去追寻，还有太多人需要去爱。每一次，你所遇到的风景，包括心中所有的纷乱与纠结，都将涂染成你独一无二的生命。

所以，停留的时候暂且可以停留，出发的时候只需轻巧地出发。

温半壶浊酒，享几缕清风，披上最简单的行装。

于婉转的流年之中，与诗意自然重逢。

任关山万里，岁岁年年，无怨无悔。

第五章 宦海浮沉，诀别官场

人生向来不是一劳永逸，往往路的尽头还是路，风的背面还有风。所以，与其等待命运的主宰，不如凭借自己那颗明辨是非的心做出主动的选择。

镇军参军

坐于东窗之下，浅酌一口春酒。

眺望园中的风景，等待一个和煦的天气，让太阳将温暖从头到脚灌溉。

远处高山巍峨，流水淙淙如古琴妙音。神往俞伯牙与钟子期的故事，等待与良主相逢。

为了等来那样一个人，陶渊明像一粒小小的风尘，将自己寄托在林泉之侧，看小窗落日，听雨打芭蕉；为了等来那样一个人，他历经沧桑，内心依旧保持着纯洁与渴望。

然而，有时候，等来的却是一个又一个美丽的错误。

晋安帝元兴三年（404 年），陶渊明四十岁，丁忧期满。他居丧在家的三年中，东晋的政局发生了很大的变化。

桓玄举兵东下，攻陷京师建康，称帝后，骄奢淫逸，倒行逆施，使得民怨沸腾，朝野不安。

这一年，原本为刘牢之部下的刘裕已经成为北府兵的实际领袖。刘裕见时机成熟，便联合何无忌等人自京口起兵讨伐桓玄，克复京师，并乘胜追击到江陵，杀了桓玄。

刘裕被拥为都督八州军事的镇军将军，被大家看作整顿朝纲的政治人物。陶渊明经过几番权衡，终于选择了他，成了刘裕的镇军参军。

刘裕将镇军参军的重要职位交给陶渊明，应当是出于陶渊明身出将门，名望在当时很高的缘故。况且，陶渊明曾经在桓玄手下做过参军，现在改为投奔自己，也是向天下人证明自己是正义之师。陶渊明此番投奔正契合刘裕之意，刘裕想要借陶渊明来提高自己在士林中的声望，以巩固其政治地位。

刘裕虽英勇善战，但他毕竟出生低微，据说他出生时母亲就死了，父亲做过功曹之类的小官，但家中一贫如洗，把他抛弃在荒野，是姨妈将他抱回抚养长大。他寄居在京口的姨妈家，因此小名为“寄奴”。他能够成为北府兵的首领，并打败桓玄，完全是底层人物的逆袭。

如此人物自然知道笼络人心。刘裕在士人面前伪装得比桓玄还好，以致当时的人相信他能够匡扶东晋王室，为晋王朝迎来生机。

此次出仕，与前次入桓玄幕府相似，从前失败的从政经历虽然还令他心有余悸，但是已经无法阻挡他想要在济世道路上施展抱负的渴望了。他对刘裕心存极大的幻想，认为这一次总算是等来了一个匡扶江山社稷的英雄人物。当他赶赴江州，见到了刘裕之时，也确实为他的豪放英姿所倾倒。

刘裕身长七尺，着一身铠甲，体格健壮，走起路来虎虎生威，站立时如一座铁塔。他脸上的颧骨和下巴都往前凸，是传说中的“豹子头”，左右两颊肌肉颇为紧实，双眉之间有一颗蚕豆大的乌痣，眼眶深陷，胸有城府。

虽然刘裕完全是一介武夫的长相，但他对陶渊明恭敬有加，表现得彬彬有礼。他说此生最佩服的人物便是陶渊明的曾祖父陶侃。出身贫寒，一刀一枪拼杀出军功，位极人臣。书读得并不多，但在同时代人中最明白事理，多次在危亡中挽救了国家。他还说陶渊明曾经身陷在桓玄的叛军之中，却能够出淤泥而不染，全身而退，是一个明辨是非的人。

陶渊明见刘裕能够有此番真知灼见，以为遇到了明主。

刘裕杀了桓玄后，就派人去江陵城里打探到了天子的消息。然而，他并没有马上让人把天子找来，而是打算自己先返回京口做一番安排之后，再迎候天子回宫。

陶渊明似乎明白了些什么，刘裕是想要急着赶回京口往要害部门安插自己的心腹，否则皇帝一接回去，建康宫廷里的权力斗争就会立即展开，他就会有大权旁落的危险。

当他和桓玄一同乘着船从江州赶赴京口时，内心便开始疑虑重重，充满不安。他将这种矛盾的心情写在了诗里：

弱龄寄事外，委怀在琴书。被褐欣自得，屡空常晏如。
时来苟冥会，宛辔憩通衢。投策命晨装，暂与园田疏。

眇眇孤舟逝，绵绵归思纡。我行岂不遥，登降千里余。
目倦川途异，心念山泽居。望云惭高鸟，临水愧游鱼。
真想初在襟，谁谓形迹拘。聊且凭化迁，终返班生庐。
——《始作镇军参军经曲阿作》

此次出仕，虽然是陶渊明积极主动地投奔刘裕，但他隐约感觉到做官的时间不会太长久，他似乎已经为再次归隐做好了准备。

他说，暂时栖身于仕途，不过是无奈之举；他说，远离故乡，去往别处，实在非自己所愿；他说，寄情人事之外，倾心于琴书，是自己最喜欢的生活；他说，看云便会羞对天空飞鸟，临河便会愧对水中鱼儿。

在田园和仕途之间，陶渊明徘徊了许久。按心性来说，陶渊明是喜欢且适宜田园生活的，但他将要以纯澈的自己去面对未知的仕途。待到某天，济世的理想一旦实现，他希望能够重返田园，放下疲惫的身心，过着宁静美好的生活。

然而，一个充满了野心的政治家并不可靠。陶渊明兴高采烈地赴任刘裕的镇军参军，却最终发现刘裕和桓玄完全是一丘之貉。当他清醒地认识了刘裕的伪善面目，知道他并无匡扶晋室之心，而是想要取而代之的时候，陶渊明的政治热情也就如熊熊烈火被泼了几瓢凉水。他这些年由信念支撑起来的等待又一次落了空。

然而，他没有全然放弃，只是打算另栖良木。

等待是一个未知数，他不知道良主会不会与自己相逢，但倘若中途放弃，便是对自己人生的一种辜负。

为了这一份未偿的心愿，他固守在自己的思想境界中，气定神闲，静待曲终人散的寂寥，淡看繁花落尽的凋零。

在等待中，那份“大济苍生”的政治理想，早就化作了心中不离不弃的信念。

在等待中,那条路也就成了一条无法轻易回头的单行道……

折返江州

日有东升西落，月有阴晴圆缺。

苍茫宇宙不曾拥有完美，人生在世，自然也就存在缺憾。

陶渊明的人生中有许多的缺憾，譬如幼年丧父，譬如青年丧妻。但他从不沉湎于缺憾，他知道纵然人生有所缺憾，但心中依旧要有怀想，日子才会清澈明亮。所以，他能够在一次又一次的失望中蹚水而过。

不惑之年，陶渊明的缺憾是壮志未酬。自二十九岁初入仕途以来，陶渊明的从政经历没有一次不是消极而短促的，他看清了仕途的真相，明白寄身于是非不断的官场并不是人生的最佳选择。

既然深藏已久的理想在这个时代终将沉寂，他便学会了从另一种角度观看人生。虽然，在仕与隐之间，他的内心依旧有些许徘徊，但他已经与自己的内心慢慢达成了和解。

躬耕山野，诗酒度日，未尝不是另一种幸福的人生。

在京口刘裕的幕下担任了大半年的参军之后，陶渊明折返江州，转到建威将军刘敬宣幕下任参军。刘敬宣是镇北将军刘牢之的儿子，当时因为破桓玄而歆功，升迁为建威将军、江州刺史，镇守浔阳。

陶渊明这样做，大概是因为刘裕与刘敬宣之间的人事调动，又或是江州离家很近，能够满足他回归田园的梦想。

然而，义熙元年（405 年）三月，也就是陶渊明新任参军不久，刘敬宣就辞去了江州刺史的官职。原因是刘裕部下的将领，同样在平定桓玄的叛乱中立下大功的刘毅与刘敬宣不合。刘毅派人告诉刘裕，刘敬宣不适合担任江州刺史这样重要的职位。刘敬宣感到很不安，他觉得自己的功劳确实不如刘毅，而且作为一个有过投奔敌国南燕黑历史的人，他在回归后一直挺不直腰杆，于是，便主动离职了。

次月，陶渊明也随之离职了。

刘敬宣辞职一事对陶渊明触动很大，如此功勋赫赫的将军，却遭人排挤，不得不借安帝复位之际“自表解职”。推人及己，他想到自己只是一名小小的参军，若想建功立业、大济苍生，是何其艰难！

在前往建康的路上，陶渊明途经钱溪（今安徽贵池），作诗《乙巳岁三月为建威参军使都经钱溪》：

我不践斯境，岁月好已积。晨夕看山川，事事悉如昔。

微雨洗高林，清飙矫云翮。眷彼品物存，义风都未隔。
伊余何为者，勉励从兹役？一形似有制，素襟不可易。
园田日梦想，安得久离析？终怀在归舟，谅哉宜霜柏。

钱溪即安徽长江南岸贵池县东北的梅根港，是由浔阳至建康的必经之路。从前他来过这个地方，如今重游故地，发现山川景物依旧未变，内心不免感到亲切。

这世间，不变的是自然风景，变的是世道与人心。在变与不变的强烈对比中，陶渊明触景生情，感时伤怀。因为短短的两三年时间，他所处的世界已发生翻天覆地的变化。前年岁暮桓玄篡位，去年刘裕起兵讨伐桓玄，现在战争基本结束，可是他的心境已经大不如从前。“江山依旧，人事已非。”话虽说得平淡，但感慨已寄寓其中。

“微雨洗高林，清飙矫云翮。”故地风景亲切如常，他眼中的山川清新、细致。“微雨”“清飙”，透出春天美好的气息。高林经微雨洗润，越发青绿可爱；空中鸟的翅膀在清风的举托下，盘旋得更加自如。

眼前，风、雨、林、鸟组成了一幅天机和畅的画面。他沉醉其中，达到了物我两忘的美妙境界。

“眷彼品物存，义风都未隔。”“品物”即自然界的生命万物，“义风”是陶渊明将风拟人化，赋予其“春风化育”的内涵。在他看来，春风是有情有义的，因为他是带着爱意的眼眸去欣赏这一切的。

这种对风雷日月、雨露云烟、山川园林、众鸟新苗、田夫稚子所怀有的亲切而冲和的爱意，正是陶渊明独特思想境界的体现。

此时的他，对于官场厌倦至极，对于回归自然心向往之。他喜欢的，是那种身在山水之间，天人合一的自然状态。

这首诗的后面八句的大体意思是：眼前虽然被迫行役，但归田适志的襟怀不变，要像霜后的松柏一样，保持高尚的情操和品德，不损纯真自然之本性。

十多天的行船，途中的风景虽然秀丽，但是已经看倦，令他魂牵梦绕的依旧是故乡的风景。在那几年的行役途中，虽然也常有佳景，比如“凉风起将夕，夜景湛虚明”；比如“高莽眇无界，夏木独森疏”；比如“昭昭天宇阔，皛皛川上平”。但是最让他念念不忘的，还是故乡的山川草木。

他说：“园田日梦想，安得久离析。”显然，此时的陶渊明，去意已决。官场，终究会被他留在身后。

这样的心情，是陶渊明在许多次宦海沉浮之中形成的。为了从最初的梦想那里听到一点回音，他曾经在仕与隐之间做过反复的选择与挣扎。现在，他深感疲倦。

想起十余年的游宦日子，几乎没有快乐可言。黑暗的官场与自己的天性是极其不相宜的。他感到正直的人在这样的现实中根本毫无出路，如若深陷迷途，不懂得及时归返，不仅无法实现理想，还随时有坠入“密网”，丧失性命的可能。

壮志难酬固然遗憾，但为了那蜗角虚名、蝇头微利而改变自己的天性与德行，更加不是陶渊明入仕的初衷。

人生的智慧在于，当行于可行，当止于该止。评判一件事行与不行的标准不是私人的利益而是心中的道义与良知。

陶渊明选择逐渐地退出政治视野，也正是为了守护心中的纯洁与美丽。

毕竟，他是一个自小就受过高贵的精神熏染的人，一个天性美好的人。即便历经风雪的暴虐，依旧能够活出最美的姿态。

彭泽挂印

看过了半辈子的风景，心或许早就静如止水。于是索性随波逐流，得过且过，再也提不起勇气去做主动的选择，便以为岁月会就此轻饶自己。

然而，在一个世风日下、人心不古的时代，没有选择，便意味着跟随世人一同跌入乌黑的泥淖；没有态度，便意味着忍受他人不公的对待。

人生向来不是一劳永逸，往往路的尽头还是路，风的背面还有风。所以，与其等待命运的主宰，不如凭借自己那颗明辨是非的心做出主动的选择。

义熙元年（405 年）秋天，距上一次辞官将近半年之后，由于贫穷的生活所迫，陶渊明又一次出来做官，担任了彭泽县令。

四十一岁的陶渊明，对官场已经彻底失望，之所以再次为官，主要是想为归隐田园积攒资本。从前的几次入仕经历都十分短暂，收入也相当微薄，不能支撑起悠游自在的田园梦想。

“聊欲弦歌，以为三径之资。”（《宋书·隐逸传》）作为一介书生，又有一大家子需要养活，除了依靠从政所带来的收入来实现心愿，实在是别无他法。

为了生计而做官，在古人那里，是符合道义的。

当然，这样的打算是陶渊明和妻子翟氏以及众亲友商量后的结果。对于头脑天生浪漫的诗人来说，这种现实的盘算无疑令他很伤脑筋。

> 余家贫，耕植不足以自给，幼稚盈室，缾无储粟，生生所资，未见其术，亲故多劝余为长吏。脱然有怀，求之靡途，会有四方之事，诸侯以惠爱为德，家叔以余贫苦，遂见用于小邑。
>
> ——《归去来兮辞·序》（节选）

序言里的自述应当是真实的，透露着陶渊明因生活窘迫而不得不投身官场的无奈。虽然他早就料到官场生活的无趣与乏味，但彭泽县令仍然算是一个不可多得的好职位，他感到颇为满意。

叔叔陶夔为他举荐的彭泽县令一职，相较从前的参军，薪俸要丰厚许多。依《晋百官注》记载，当时县令的年薪是四百斛，按月发放，每月米十五斛，钱二十五。十五斛米除以每月三十天，恰好是五斗米。除此之外，他还能拥有三百亩公田的支配权，有差役代他耕种，收入归县令所有。这真算是一笔不错的收入了。况且，彭泽离家只有一百里之遥，从彭泽乘船，仅用两天时间就可以抵达上京里附近的内河渡口。

于是，他又一次抱着尝试的念头去做官了，只不过这一次他纯粹是为了给归隐做准备，而非对仕途抱有期待与幻想。

很自然的，他那刚正不阿的个性与弄虚作假的官场依旧格格不入。于是，这一段仕途生涯最终只维持了短短的八十几天，他就挂印而去，索性与官场彻底诀别了。

如若官场上没有营私舞弊、阿谀奉承等不正之风，凭借陶渊明的才华，他当对治理彭泽县满怀信心、乐此不疲。毕竟，治理国家是一个儒士最初的理想。

在其位，则谋其政。虽然陶渊明对政治已无热情，但他向来都是兢兢业业，对待新任的官职，他亦是全力以赴。

这是一个人口只有两万的小县，刚上任，陶渊明便小试牛刀，对积弊已久的税收制度和户籍制度进行了一番大刀阔斧的改革。

当时的彭泽县，从孝武帝太元年间起，由于实行了每个成年男丁收租米五石的口税制以后，出现了两种现象：一是税收加重了农民的负担，使之不愿意拥有更多的土地，导致土地抛荒不种；二是隐匿人口情况严重，出现了在籍人口远远少于实际人口的怪现象，导致政府税收减少，官府将负担转嫁到普通百姓身上。

陶渊明明白，只有掌握了真实的人口，官府的税收才能得以保证，那些仰仗权势地位所隐藏起来的人口造成的官府亏空才不会转嫁到百姓身上。

然而，清查户口势必会触碰地主豪绅的利益。因为正是这些人以势压人，对清查工作进行干扰与阻拦而使以往的县令对之视若无睹，对民情亦不甚了解。陶渊明和那些为了自保而相互依存，相互包庇的官员不同，他生性耿介，向来厌恶官场的不正之风。

从前在别人手下任参军，他没有自主决定和改变事物的权力，现在终于恰逢时机，轮到他大展身手，主持正义。面对劣绅，他自然不会心生怯弱，而是采取了强硬手段。

陶渊明当场责令隐瞒不报的豪绅拿出花名册，逐一核对，基本解决了户口隐瞒的问题。紧跟着，他又宣布将每个成年男丁所缴纳的税米由原来的五石减少为三石，此举受到了县民们的一致欢呼与拥戴。

然而，一个人即使拼尽全力，最终也无法阻挡时代浪潮的席卷。我们总是追求和期待着美好，但最终似乎一切都如宿命般的不可避免。

为期八十余天的彭泽县令，是唯一一次能让我们看到陶渊明治理才能的机会，至此之后，他的所有政治热情都被浇灭了，灰心丧气如一只惊弓之鸟回到田舍慢慢疗养前半辈子所受的伤害。

关于陶渊明辞去彭泽县令的原因，沈约在《宋书·隐逸传》中有所记载："郡遣督邮至县，吏白应束带见之。潜叹曰：'我不能为五斗米折腰向乡里小人！'即日解印绶去职，赋《归去来》。"后来，萧统的《陶渊明传》《南史·隐逸传》都众口一词沿袭沈说，"不为五斗米折腰"遂在历史上被传为美谈，赞颂陶渊明蔑视权贵、不受世俗污染的精神。

在陶渊明自己所写的《归去来兮辞·序》中，实际上对辞县令一职的原因也说得很清楚：

> 及少日，眷然有归欤之情。何则？质性自然，非矫厉所得，饥冻虽切，违己交病。尝从人事，皆口腹自役。于是怅然慷慨，深愧平生之志。犹望一稔，当敛裳宵逝。寻程氏妹丧于武昌，情在骏奔，自免去职。仲秋至冬，在官八十余日。

获悉嫁到武昌的妹妹突然去世了，因此辞去官职，这显然是次要的原因。陶渊明辞官的真实原因应当是如他序言里提到的那样：奔走仕途完全是为"口腹自役"，心灵的折磨比饥冻之苦更切，在保持自己的“质性”还是“矫厉”自己的本性之间，他选择了前者。

这是他“解印绶弃官去”的深层原因，这一选择也是他为生命做出的决断。

原本出任彭泽县令是想为归隐田园积攒一点资本，现在他才上任不到三个月就辞职了，不仅工资没有全部领回，他那三百亩公田也还没等收获就全部上交归还了。在许多人看来，陶渊明的辞官，似乎显得太过仓促，太过意气用事，甚至如他自己自嘲的那样有一些“拙”了。

然而，回顾他之前无数次于仕与隐之间徘徊的经历，便可以明白他做出此番决定实在是迫于无奈。如果能够在积攒了归隐的资本之后再选择离开官场，他何乐而不为呢？只是，身在官场的牢笼之中，对于志性高洁的他而言，每一刻都是煎熬。为了积累归隐的资本而舍弃精神自由，他认为那是最不划算的事。

因此，我们可以说陶渊明是“拙”的，但他的“拙”又显得那样高超脱俗，潇洒自如。

陶渊明的这种洒脱的人生姿态，时常被我们羡慕。有多少人也曾希望像他那样，为了求得心理上的自在，抛开世俗的枷锁与束缚。然而，又有多少人有勇气去承担这之后的后果，甘愿一生贫穷？

只有清醒的陶渊明，最终选择了自由，即便他要为这自由付出昂贵的代价。

在一个与自己不能匹配的时代中清醒地活着，他是自由的，亦是悲哀的，所以他经常借酒来麻痹自己。

然而，当他做出这个选择的时候，他已经成了来自那个时代的一束遥远的光。

他用这束光来提醒世人，逆风的方向或许更适合飞翔，通向自由的道路往往是一条人迹罕至的荒僻小径。

归去来兮

人各不同，千人千面，对于人生的幸福，每个人心中都有不一样的标准。有人说幸福是人生风景的美丽，有人说幸福是心情的平静。

成长之中，磨砺之后，才会懂得，幸福就是经过自己的切身感受，慢慢从苦难中剥离出来的清欢与诗意。更是深入内心的温暖，掩埋着时光里的花香，周全着内心向往、惦念与期待。

不惑之后，经过了内心的一番矛盾挣扎，陶渊明最终舍弃仕途，回归田园，用诗意的浪漫去面对现实，以平常心适应人间烟火，素心向雪，不惧岁月沧桑，这便也是幸福。

辞官之后，陶渊明写了篇《归去来兮辞》：

归去来兮，田园将芜胡不归？既自以心为形役，奚惆怅而独悲？悟已往之不谏，知来者之可追。实迷途其未远，觉今是而昨非。舟遥遥以轻飏，风飘飘而吹衣。问征夫以前路，恨晨光之熹微。

乃瞻衡宇，载欣载奔。僮仆欢迎，稚子候门。三径就荒，松菊犹存。携幼入室，有酒盈罇。引壶觞以自酌，眄庭柯以怡颜。倚南窗以寄傲，审容膝之易安。园日涉以成趣，门虽设而常关。策扶老以流憩，时矫首而遐观。云无心以出岫，鸟倦飞而知还。景翳翳以将入，抚孤松而盘桓。

归去来兮，请息交以绝游。世与我而相违，复驾言兮焉求？悦亲戚之情话，乐琴书以消忧。农人告余以春及，将有事于西畴。或命巾车，或棹孤舟。既窈窕以寻壑，亦崎岖而经丘。木欣欣以向荣，泉涓涓而始流。善万物之得时，感吾生之行休。

已矣乎！寓形宇内复几时？曷不委心任去留？胡为乎遑遑欲何之？富贵非吾愿，帝乡不可期。怀良辰以孤往，或植杖而耘耔。登东皋以舒啸，临清流而赋诗。聊乘化以归尽，乐夫天命复奚疑！

“归去来兮，田园将芜胡不归？”开头第一句，陶渊明便如释重负地喊出了自己辞官归隐的轻松与愉悦。他说，如果再不回去，田园将要荒芜了。对于陶渊明来说，田园是自由生活的象征。田园荒芜，意味着自由的失落。因此，对于辞官，他没有半分懊悔；对于归家，他是急迫的。

他说仕途索然无味，再待下去只会损害本性，现在及时辞官，回归田园，幸好还来得及。

在归途中，轻快的小舟在水面上飘荡，微风吹拂着衣角，他的心情无比自在。欢天喜地回到家中，妻子为他举行了隆重的欢迎仪式，佣人们早早地在村口迎接，孩子们也已经在门前等候。妻子为他斟一杯酒，以解去旅途疲劳；孩子们天真欢快地围拢着他，要和他拥抱。

喝着酒，又有亲人相伴，可以说是无比温馨了。醉眼蒙眬中，他依稀看见庭中的高树，灼灼其华，好似挣脱了官场的他，挺直了腰杆站立在世上。

他靠着南边的窗口，觉得整个人神清气爽。环视狭小的居室，虽然破旧颓败，却让人住得心安。

从此，陶渊明不用再理会这个世界如何看他，不用再去追逐这个社会要求他追求的名利，只需要顺应自己的本心，坦然地面对四季风景，看花开花落，观云卷云舒。

他的生活也的确过得如他向往的那般诗意而美好。他日日徘徊于园中的小径，观看傲然的松菊生长于荒芜之中。那时候，他想到的是“松菊犹存”，言外之意是，自己的高洁和傲岸犹存。

然而，他的形体并不如他的精神那般无坚不摧，他开始衰老，需要拄着拐杖走走停停，但园中的风景治愈了他，让他觉得意趣横生，忘记了肉体的疼痛。

偶尔，夕阳西下，他便不自觉地抬头眺望白云飞鸟，身心极为悠闲。这些情景，寻常人看来，或许会觉得孤独。譬如终日徘徊于园中，面对熟悉的风景，总会感到厌倦；譬如隐居于乡下，不免会陷入孤寂。

然而，对陶渊明而言不然。即便是再寻常的风景，在他的眼中也会独放异彩。身处田园，他的心灵仿佛是一座奇妙的博物馆，所看、所听、所嗅、所闻之景物，总是会随时光、季节、情境的不同而发生变化。他在自然田园中，发现了生命质朴而深广的快乐。

陶渊明息交的是昔日在官场上不得不交的世俗朋友，他们人浮于事，只会说一些冠冕堂皇的话。那样的人，与之交往，自然会令人心生厌倦。他喜欢和真挚又朴素的乡邻们为伴，哪怕只是闲谈农耕之事，也让他觉得温暖、亲切。

从前在官场所受的痛苦，逐渐被田园生活治愈。生命和时间慢慢对话，也和自己的心灵对话。自然，在乡下，治愈他的还有琴书和诗酒。他有时候驾车出游，让自己行走于山野；有时候独行孤舟，纵情于云水。与悠然自得的田园生活相比，刹那间，官场岁月就像一场苍白的梦。

陶渊明说“富贵非吾愿，帝乡不可期”。帝乡即仙乡，指道教所说的神仙世界。功名富贵本来就不是他这一生所要追求的东西，而他又知道飞升成仙不过是世人做的一个美梦而已。现在，他只能做一个平凡的人，一个终有一死的人，他所能把握的也只有今生今世。

这是陶渊明的人生哲学，他既否定了世俗政治社会，亦摒弃了宗教彼岸世界。在士风热衷官职，同时佛老盛行的东晋时代，其境界不可谓不高明。

陶渊明的“归”，不是回到儒家的“天理”，不是回到佛家的“真如”，不是回到道家的“道”，而是回到“生活”。他要在真实的生活中，求得人生之意义，实现人生之价值。

他是那样热爱此生，纵然人生只是一笺烟雨，半帘幽梦，短暂而又寂静。他亦无怨无悔，不喜不悲。“聊乘化以归尽，乐夫天命复奚疑。”结尾两句，是诗人乐天知命的人生哲学。

看透了生命的本质之后，他决定把所有的热情留给生活，留给生命本身。晴耕雨读，诗酒为欢。登高长啸，临流赋诗。

如此，无论春秋冬夏，无论雪月风花，只因诗意在心，所有的风景都是好风景，所有的日子也都是好日子。

如此，简单地活着，不争不抢，不攀不比，只需要过好自己的生活。人生，也就更加接近幸福。

归园田居

离开了官场的纷扰，远离了世俗的喧嚣。陶渊明初期的归隐生活，过得还算轻松闲散。

辞官后，他住在祖宅。那时候，仆人尚在，家里还有一点积蓄。他将时间消遣于读书、游玩之中，不用亲事耕作。

这样的日子固然惬意，却没有维持多久。

晋安帝义熙二年（406 年），即陶渊明辞去彭泽县令后的次年，家中已无积蓄，甚至连米粟也所剩无几。他只好让妻子翟氏遣散了所有仆人，携带着孩子们从祖宅搬往更偏僻的园田居，并且写下了《归园田居》五首。

搬往园田居居住，一方面是为生计所迫；另一方面，也是陶渊明的主动选择。从此，便意味着陶渊明彻底过上躬耕隐居的生活。他将辞去旧我，迎来新生。

如果说《归去来兮辞》喊出了陶渊明辞官归隐的宣言，那么,《归园田居》则进一步反映了他的真实田园生活，以及他在那样的生活中，思想所发生的深刻变化。

少无适俗韵，性本爱丘山。误落尘网中，一去三十年。
羁鸟恋旧林，池鱼思故渊。开荒南野际，守拙归园田。
方宅十余亩，草屋八九间。榆柳荫后檐，桃李罗堂前。
暧暧远人村，依依墟里烟。狗吠深巷中，鸡鸣桑树颠。
户庭无尘杂，虚室有余闲。久在樊笼里，复得返自然。

——《归园田居·其一》

初归园田居，他对宁静的乡村无比迷恋，他喜欢生于斯、长于斯、老于斯。兴许是从前的官场太过浑浊，以至于回归简陋的乡间草庐，反而令他感到无比欣慰。

他写道，自己的天性是喜爱山水丘壑，只是错误地落入了尘网之中。“一去三十年”应该作“一去十三年”解。从他做江州祭酒到辞去彭泽县令，前后差不多十三年。他对之前入仕的选择流露出无尽的懊悔，认为这十三年之久，全然是浪费了大好青春。

田园对他来说是熟悉的，他少年时期就开始居住在这里，并且从事耕作。回到这里就仿佛受羁绊的鸟儿重返旧林，池水里的鱼儿重返深渊，他对于田园的依恋可见一斑。

这样做是否真的是“拙”呢？其实，这种“拙”是需要守护的，是一种大智若愚的“拙”，是一种不顾世人指摘，依旧要决然去做的事情。因为只有田园，才能寄托他的情感，安放自由的灵魂。

“方宅十余亩，草屋八九间。”远远地就看到方方正正的宅子，八九间草屋散淡地点缀在田野之间，一种淳静古朴之意顿然由胸中生起。这个叫作“园田居”的地方，不是道家所谓的“仙乡”，就在远离世嚣的人间。但是它桃红柳绿，鸡犬相闻，炊烟袅袅，简直是人间仙境。

原本再平常不过的乡村，经过陶渊明的一番感受，竟然变得新鲜而又生动。他虽然用的是白描手法，却将画面描绘得声色俱全，且巧妙地将自己的生活理想、人格情操融入其中。

陶渊明在诗中表现的是彻彻底底的“喜悦”，然而，人生的这种纯粹的喜悦实在是太短暂了。当他从事了许久的劳作之后，初归隐的喜悦便已经过去，随之而来的是一种淡淡的忧愁，不自觉地从诗中流露出来。

叔本华说，人生如同钟摆，总是在“求之不得的痛苦”“瞬间的满足”“满足过后的空虚”之间来回往复。陶渊明的生命便也是如此。

> 野外罕人事，穷巷寡轮鞅。白日掩荆扉，虚室绝尘想。
> 时复墟曲中，披草共来往。相见无杂言，但道桑麻长。
> 桑麻日已长，我土日已广。常恐霜霰至，零落同草莽。
>
> ——《归园田居·其二》

村居陋巷，车马稀少，陶渊明最喜欢这份清净。

白天关上门，一个人在屋里待着，静气养神，再也不用为名利之事所扰。偶尔在村落中闲走，拨开草丛与农夫见面，一起谈论庄稼之事。

他俨然成了一个地地道道的农民，同他们怀有一样的心愿，为桑麻日长、开荒垦出的土地日广而欣喜，又为突降的霜雪可能毁坏庄稼而忧愁。

> 种豆南山下，草盛豆苗稀。晨兴理荒秽，带月荷锄归。
> 道狭草木长，夕露沾我衣。衣沾不足惜，但使愿无违。
>
> ——《归园田居·其三》

这里记载了陶渊明劳作一天的情形。清晨就去为豆苗锄草，到了月亮出来才荷锄返归。回来的路上，道路狭窄，草木丛生，露水沾湿了衣裳。尽管如此辛勤劳作，豆苗长得还是不好。

短短八句，用词浅白，似话家常。然而，他钩织出的是一片淡泊悠远、简朴醇厚的意境。这首诗，既写实又比兴，“种豆”生活是陶渊明真实的生活写照，但却寓言一种人生体悟。

“带月荷锄归”一句实在太美，我们仿佛能够跟随诗人流动的笔调，见到他在月下扛着锄头踽踽独行，颇觉得此非渊明种豆，真似黛玉葬花。

陶渊明此时的生活，是那么悠闲，那么自足，有时也散发出一丝忧郁、一丝怅惘。

久去山泽游，浪莽林野娱。试携子侄辈，披榛步荒墟。
徘徊丘陇间，依依昔人居。井灶有遗处，桑竹残朽株。
借问采薪者，此人皆焉如？薪者向我言，死没无复余。
一世异朝市，此语真不虚。人生似幻化，终当归空无。

——《归园田居·其四》

终于到了农闲时候，陶渊明才抽出一些时间，携带着子侄辈的小孩子去附近游玩。他们披荆斩棘，来到一个荒村。这里只剩下一片废墟和坟墓，樵夫告诉他这个村子里的人都死了。

当时，无论战乱还是疾病，让一个小村子里的人全部死掉是一件很平常的事。陶渊明乍闻之下顿生感慨："一世异朝市，此语真不虚。"人生如同幻化，最终都要归于空无。

这种人生如梦的虚无观，虽然悲观消沉了些，但它是陶渊明在尝试过、努力过之后的真实感受。他慨叹自己一事无成，在这世间无法留下什么，将来也不过埋没于一片荒丘之中。

怅恨独策还，崎岖历榛曲。山涧清且浅，可以濯吾足。
漉我新熟酒，只鸡招近局。日入室中暗，荆薪代明烛。
欢来苦夕短，已复至天旭。

——《归园田居·其五》

这首诗写的是陶渊明独自拄杖出游后归来的情景，承接了上一首“人生似幻化，终当归空无”的心情。“怅恨独策还，崎岖历榛曲。”便是这种心情的写照。

他在路上走了很久，遇到清澈的山涧，便濯足于此，或许可以洗去心中的烦闷。

笔调而后转欢，回到家后，陶渊明杀了一只鸡请邻人来聚会。草屋昏暗，菜仅一只鸡，没有蜡烛，只能用柴火代替。然而，大家相聚一屋，欢声笑语，时间过得很快，不觉已至天明。

诗人这种着意追求的尽欢和借以消忧解愁的放浪有种变形宣泄怅恨的味道。

观此五首诗，我们发现陶渊明的心境是一路下滑的。从“复得返自然”的欣喜，到“零落同草莽”的忧愁，到“带月荷锄归”的辛苦，到“终当空归无”的感慨，到最后以“只鸡招近局”来排遣心中的怅恨，他由精神滑落到了物质。

这应当是一个十分痛苦的过程。即便如此，他依旧努力坚持自己的节操。

他学会了在亲朋好友的欢聚中，排遣悲伤；学会了在浅酌低吟中，流放时光。

第六章 爱恨别离，坎坷漫长

尽管人世间冷暖未知，但活着或许就是一种希望。一个人活着，风雨有之，花落有之，花开亦有之。只有活着，才能见到晴空万里，才能闻到鸟语花香。

祭程氏妹

蓦然回首，往事如烟。曾经的过往已不再重要，仅剩的只有生活的划痕，斑斑驳驳，支离破碎。

你的生命一路经历着风雨，它肆虐疯狂，敲打着那颗柔软的心。命运仿佛一个恶魔，将美好毁坏。它不肯放过所有的男人以及瘦弱的女人。

年纪尚未过半百的你，已经患上了腿疾，只能扶杖而行；没等挨过四十不惑的她，被时光的暗影一点点吞噬，湮没无闻。

你佝偻着背脊，带着一副病弱的身躯，站在她消逝的末点，无能为力，叹息着命运乃至放声哭泣。那是你的手足，是你的亲人，曾经是你生命中最最温暖的光。

你们曾一起度过山居岁月，在寂寞的风中悄悄成长。你记得她呱呱坠地，记得她笑靥如花。四十年，如梦一场，这一切似乎只是错觉。许多年前，她在襁褓中发出欢快的哭声，而如今，你却只听到自己胸中的悲鸣。

在守丧的十八个月里，渐渐习惯了这种悲伤，也逐渐接受了她的死亡。你习惯了一个人踽踽独行于原野，在草木与庄稼中将痛苦一点点忘却。不知道，这是否是一种麻木，还是称为淡然或者平静。

无论如何，悲伤难以言说，曾经的往事也将随风而逝，唯有文字能够记录那一份真挚的情感，将短暂化为永恒。

程氏妹在义熙元年（405 年）十一月去世，陶渊明在义熙三年（407 年）五月初六为祭奠她而写下《祭程氏妹文》，言辞哀婉，情意深深。

维晋义熙三年，五月甲辰，程氏妹服制再周。渊明以少牢之奠，俛而酹之。呜呼哀哉！

寒往暑来，日月寝疏。梁尘委积，庭草荒芜。寥寥空室，哀哀遗孤。肴觞虚奠，人逝焉如！

谁无兄弟，人亦同生。嗟我与尔，特百常情。慈妣早世，时尚孺婴。我年二六，尔才九龄。爰从靡识，抚髫相成。

咨尔令妹，有德有操。靖恭鲜言，闻善则乐。能正能和，惟友惟孝。行止中闺，可象可效。我闻为善，庆自己蹈。彼苍何偏，而不斯报！

昔在江陵，重罹天罚。兄弟索居，乖隔楚越。伊我与尔，百哀是切。黯黯高云，萧萧冬月。白云掩晨，长风悲节。感惟崩号，兴言泣血。

寻念平昔，触事未远。书疏犹存，遗孤满眼。如何一往，终天不返！寂寂高堂，何时复践？藐藐孤女，曷依曷恃？茕茕游魂，谁主谁祀？奈何程妹，于此永已！死如有知，相见蒿里。呜呼哀哉！

程氏妹比陶渊明小三岁，是其庶母所生，后嫁给武昌程家，故而陶渊明在祭文中称之为“程氏妹”。

她的身世比陶渊明还要孤苦，年纪很小就丧失了父母双亲。父亲去世的时候，陶渊明九岁，程氏妹六岁；庶母去世时，陶渊明十二岁，程氏妹才九岁。

如此，便为这个女子一开头的命运埋下了凄凉的伏笔。程氏妹瘦弱可怜，成了孤女，陶渊明的母亲陶孟氏将之抚养长大。陶渊明对妹妹呵护备至，二人感情甚是笃厚。

这个女子，自小就能忍受贫穷。她虽弱小，但给人以温暖，能让人对之产生惺惺相惜之感。“闻善则乐”是描写少女时期程氏妹的美好神态，当她听到美好的事情之时，便面露微笑。在程氏妹的脸上，从来都没有看到过岁月给她留下的阴霾，她亦从未抱怨过命运的不公。她悄悄地成长着，静静地绽放着，她是那样谦逊随和，亦是那样端庄优雅。

在人群中，她很少说话，也就少了女子的聒噪之气。她喜爱宁静，表情永远是温和的，好像狂风暴雨不曾向她袭来，即便袭来，她亦能保持静静的姿态，坦然地面对一切。

这样的女子怎能不令人心生喜爱、怜悯？她好似另一个陶渊明，他们的性情一样淡泊，一样平和。

不仅如此，程氏妹的德行完全是合乎儒家规范的，因而能够成为当时女子的典范。她既能与人为善，又能孝顺长辈，举止妥帖，品性纯洁。

可就是这样一个女子，在命运的浪潮之中，还是弱小如一叶小舟，随时都有被圈入漩涡的危险。

她虽然不悲不喜地过着自己的一生，却无法阻挡死神的降临。四十岁的她，应当风韵犹存，她的美不需要刻意修饰，只需要经过岁月的沉淀即可。然而，宿命将她的美好画上了一个句点。她消逝于那个萧瑟的深秋，还未等到第一场雪降落，就已经凋零了。

一支柔弱的花，强撑着生命的芬芳，也终于被流光抛在了背后。在陶渊明那里，她的死亡是静悄悄的。当她的死讯从武昌传至彭泽时，已经过去好几天了。陶渊明最终还是没能见上妹妹最后一面，遗憾就这样渲染了整片天地。

彼时的陶渊明正在彭泽县令一职上如坐针毡，反复徘徊于仕与隐的抉择之间。程氏妹之死，是陶渊明生命的一个重要节点，他赶忙辞去彭泽县令，奔赴武昌。自此以后，他再也没有回过官场。

赴武昌为程氏妹治丧，初次见到了她婚后所生活的那个地方。缟素高悬，门庭寂寥，她遗留下来的孩子，像她生命之花上掉落下来的一片花瓣，孤独地，悲伤地，飘零于这寂寞的世间。

漫天大雪已经落下，寒风凛冽，好似在为逝去的生命呜咽。

他的心如雪一般苍白、寒冷，许许多多纷乱的情节在脑中上演。刹那间，他无法相信生命竟然如此脆弱。人的灵魂已经走远，那些祭奠她的酒肉还有什么用呢?

那时候，他还说不出心里的悲哀。直到一年半之后，服丧之期已至两轮。他才终于直视程氏妹的死亡，用一猪一羊的祭品为之祭奠，他才写下一篇祭文来述说心中的情愫。

斯人已逝，时不复来。祭奠，是为了已逝的人，亦为了给自己安慰。

人生在世，无人能够幸免于生离死别。我们能做的，唯有珍惜所有相聚的时光。

如此，离别之后，还有往事可以回味。

屋逢大火

生命如指间的沙粒，悄悄流逝；日子如滴在大海里的水滴，无声无息。

人生之路漫长崎岖，灾难和死亡不知道什么时候会突然降临。那些业已消逝的事物，除了令我们怀念、感伤，还会带来另一种启示，为我们一点点解开生命的谜团。

或许，陶渊明已经解开了生命的谜团。从无数次亲密之人的死亡之中，从他一次次官场的失意之中，从那个时代的动荡不安之中，他品味着人生的这杯浓烈的苦酒，苦涩中偶尔有些甘甜，甘甜中带着几分迷人。

应该说，陶渊明是懂得生命的，他是生命最纯粹的知音。他热爱着他那苦涩的生命，因为他品尝到了内里的甘甜。如果没有加在他身上的沉重，或许他不能够带着翅膀轻盈飞翔，就像一个懂得轻功的武人，必须先绑缚沙袋，负重前行。

前不久，程氏妹死亡的钟声在他耳边敲响，那声音还没有彻底散去。尽管他也过着宁静的生活，隐居乡野，远离繁华，从事耕作，把玩诗酒。但他的内心亦有些许波澜，他敏感而又聪慧，时常会将生活中的许多事物联系起来。譬如，四十四岁时的那一场突如其来的大火，打破了他生活中的平静。

> 草庐寄穷巷，甘以辞华轩。正夏长风急，林室顿烧燔。
> 一宅无遗宇，舫舟荫门前。迢迢新秋夕，亭亭月将圆。
> 果菜始复生，惊鸟尚未还。中宵伫遥念，一盼周九天。
> 总发抱孤介，奄出四十年。形迹凭化往，灵府长独闲。
> 贞刚自有质，玉石乃非坚。仰想东户时，余粮宿中田。
> 鼓腹无所思，朝起暮归眠。既已不遇兹，且遂灌我园。
>
> ——《戊申岁六月中遇火》

许是傍晚，陶渊明在屋檐下歇息，享受着一日辛苦后的清闲，妻子在不远处坐着，孩子们在肆意玩闹。突然间，茅舍起火。熊熊大火炽烈烧灼，火焰贪婪地舔舐着屋上的每一根茅草。

火光冲天，他们感到自己是那样渺小、无助。妻子用臂弯搂着惊恐万分的孩子们，陶渊明则无奈地观看着这场气势嚣张的大火，心中仿佛被这火焰剧烈烧灼，痛苦万分。

这场大火，于生活本就不易的陶渊明一家来说，无疑是雪上加霜。大火烧掉了一家人多年来苦心经营的成果，也几乎烧掉了他们生活的美好希望。

原本已经远离了繁华喧嚷，辞官回归故里，日子过得虽不似《桃花源记》所写的那般静谧安好，却也是怡然自得。没想到，一场大火顷刻间将悠然与快意烧成了灰烬。此时的陶渊明，不得不怀疑回归田园的道路是否能够走通。

遭遇大火后，他们一家只能暂住在园田居废墟前面河港中的一条舫舟上。

在那条作为临时居所的破船上，仅剩几条从邻人那里借来的被褥，以及一些煮饭用的锅碗瓢盆。夏日的天气是炎热的，幸好河面吹来的风时常为他们带来些许凉意。然而，有时候也会遇到狂风暴雨，船在水面猛烈摇晃，他们在船中战战兢兢，生怕一个巨浪打翻了他们的住所。

七月将近过半，月亮由缺至圆。陶渊明一家的心情从一个月前的那场大火中逐渐恢复平静。晚风徐徐吹来，当初散发出的火星气味已经冷却成一缕轻灰。

秋夜漫长，陶渊明耿耿不寐，凝视着高悬的孤月，心中很不平和。他将目光望向那片曾经被烧焦的园圃，眼中忽然闪烁出一丝希望。他看到遭火熏烤的园圃中的果菜又重回生机，那是这一段时间来他们一家辛勤劳作的成果。这意味着，生活又有了指望。

然而，火灾予以他的伤痛仍然存在，想要找回从前的宁静祥和绝非易事。“果菜始复生，惊鸟尚未还。”那些原本栖息在林中的鸟雀，在大火中受了惊飞出去，至今还没有飞回。这似乎是在形容他自己惊魂未定的心情。

一场大火，或许并不足以让陶渊明如此绝望，因为大火过后，家园还可以重建，田园还可以复垦，他那深深的绝望更多来自急转直下的政治环境。

这年正月，朝廷征车骑将军刘裕为侍中，开府仪同三司。陶渊明虽远离官场，但仍心系国家。时局的转变，让他益发知道世事不可为。

半夜里他伫立遥想，让思绪飘飞，流向亘古的远方。上古时代，民风淳朴，道不拾遗，余粮储放在田中也无人偷盗。人们生活得无忧无虑，人人都安居乐业。正是国家的命运，个人的不幸，促使他感念上古帝王。他向往那样的时代，而如今自己已年逾四十，却只能抱守着正直耿介的性格，就此艰难困苦地生活下去。这里既有几分伤感，亦有几分傲然。

从大火烧掉茅屋那一刻起，抑或从手足情深的程氏妹死亡之时起，陶渊明渐渐体悟出一种理性：世界上一切的外形，包括居所、肉体都将随着时间的流逝而变化、衰老，只是心灵可以因为不曾染上尘俗杂念而一直安闲。

遭遇灾变之时，陶渊明内心当是十分痛苦，然而，在诗中，对牢骚愁苦不着一笔，仅对东户作一遥想，所思所行，依然淡定从容。诗歌是他思想精神的外化，由此，我们可以发现他不因眼下困难而让自己的质性有丝毫改变。他或许认为，唯有守“孤介”之义，方能安身立命如“东户”之时。

但是，“仰望东户”毕竟只是空想。“既已不遇兹，且遂灌我园。”思绪立马从游离般的梦境中拉回，知道已经遇不上这样的时代了，便只能踏踏实实灌溉自己的园田。他的心又一次平静下来，回到了眼前的现实。毕竟，丰衣足食不能凭空想，要靠自己的劳动。

四十四岁的这场大火，不仅没有烧毁陶渊明的意志，反而让他在大火中涅槃出新，达到人生新的高度。

大火之后，从前的一切都灰飞烟灭。

再回首，“方宅十余亩，草屋八九间。榆柳荫后檐，桃李罗堂前”。此番情境，恍如一梦。

大火烧掉的是人身体之外的居所，而随着时光的流逝，人的肉体尚且都会消逝，又何必为这身外之物痛哭流涕，恋恋不舍。

生命本是一个渐行渐远的过程，朝霞与落日，只是一转身。然而，在消逝之中，我们还可以留下一丝暖意，一种精神。

陶渊明留给我们的就是那样一种永恒不变的精神。

他告诉我们，要于凄寒苦涩中，凛然站立；于荒草蔓延中，寻找春和景明。

移居南村

黄昏将尽，飞鸟跌跌撞撞地隐入巢穴。

大风，刮来了天边的火焰，令人措手不及。此生，好似注定漂泊，居无定所，于扑朔荒凉中长途跋涉。

曾经羡慕那个闲来闲去的舟子，将生命绽放于云水之间。如今，住在风雨飘摇的舫舟，却开始眷恋岸上的土地。

于是，一遍遍回首，一遍遍怀念。那一座旧时光中的老宅，那一处陆地上唯一的居所，仍然还在。

似乎是命运安排，在离开了多年以后，还要回来。

只是回来之后，发现这里的一切早已物是人非。满眼的蒿草没膝而生，残墙颓壁不堪入目。街道仍是人来人往，但却少有故人的踪迹。

背离祖宅，另起炉灶，并非心中所愿。毕竟旧宅，记录了太多往日时光。娶妻生子，入仕交友，生命中所有的风光都与它有关。现在，繁华褪尽，热闹散去，只剩下岁月流过的痕迹。

一切都变了，变得那样陌生，又那样熟悉。面对这一座世上唯一的安居之所，陶渊明的心感到从未有过的温暖。迈入庭中，轻抚院门，所有的记忆都涌上心头。

这所他主动放弃的宅子，如今敞开了大门，等待着主人的回归。它的主人回来了，携带着妻子和孩子们。这一片寂静的屋子又将充满往日的欢声笑语。

在历经了六年的风霜、劳苦耕作了多年之后，许多人都说他的脸变得衰老而又陌生。只有这一座同样衰老的宅子，认得他那张熟悉的脸，那不是他的衰老，那是他的沧桑。

兴许是出于怀念，抑或只是为了落脚，陶渊明携家人回上京里的老宅居住，他在《还旧居》一诗中记述了此事：

> 畴昔家上京，六载去还归。今日始复来，恻怆多所悲。
> 阡陌不移旧，邑屋或时非。履历周故居，邻老罕复遗。
> 步步寻往迹，有处特依依。流幻百年中，寒暑日相推。
> 常恐大化尽，气力不及衰。拨置且莫念，一觞聊可挥。

重返故地，萧瑟衰败的景象令人唏嘘不已。陶渊明感到自己的命运也是如此，从年少到苍老，他一路前行，现在只剩垂老的身影，独立夕阳，暗自叹息。

“步步寻往迹，有处特依依。”一步步地寻找往日踪迹，每到一处便依依不舍，足见陶渊明是一个多情之人，怀旧之人。

他和我们一样，有着平常人的喜怒哀乐，总是在刹那间生出无限的感慨。所以，他并不总是乐天知命，无忧无虑，而是在尘世间不断地做选择，不断地挣扎。

世事荒凉，人生无常。从田园搬回祖宅，又从祖宅重返田园。一路上，他反反复复，却最终还是宿命般在原地打转。

这是诗人的命运，大约也是许多人的命运。于是，他又举起了酒杯，向我们一饮而尽。

于他，生命枯荣，世事悲欢，皆可以放在酒杯里。

诗中所描写的房屋变迁，人事推移，似乎是生命枯荣变幻的必然，但直接原因是社会的战乱与动荡。战乱导致祖宅衰败得如此之快，邻居的老人很少能够存活下来。这在无形中表达出他对时局的不满，对黎民百姓生活的担忧。

不过，他现在除了借酒消愁，并不能做些什么，年轻时候那种“大济苍生”的理想已经离他很远，他现在只是一介布衣，就连家人的生活都难以保障。如此辛酸，只能忘却，他只好以及时行乐来驱散心中的恻怆和悲愤。

日子在寒来暑往中，无聊地度过。居住在祖宅之中，只能靠族中的亲友接济度日，这样的日子自然难熬。陶渊明是有自尊心的，他不能伸手白白向人家讨要粮食。因此，还不如再次搬到乡下，亲事耕作，日子倒比这惬意许多。

更何况，祖宅地处城邑，避不开车马喧嚣。一些世俗之友也时常要登门拜访，他们总是劝陶渊明重返仕途，但都被他一一拒绝了。宅子虽好，却抵不住闲人的打扰。之前，园田居被大火烧毁之后，他并没有立马搬回上京里，大概也是这个原因。

在老宅居住了一年有余，陶渊明在庐山脚下觅得一块土地，重新建立了屋舍，不久便搬了过去。

那个地方叫南村，处在庐山南麓。山环水绕，景色宜人。

在这里，陶渊明依然躬耕自资，不离诗酒。移居南村后，他作有《移居》二首：

昔欲居南村，非为卜其宅。闻多素心人，乐与数晨夕。
怀此颇有年，今日从兹役。弊庐何必广，取足蔽床席。
邻曲时时来，抗言谈在昔。奇文共欣赏，疑义相与析。

春秋多佳日，登高赋新诗。过门更相呼，有酒斟酌之。
农务各自归，闲暇辄相思。相思则披衣，言笑无厌时。
此理将不胜？无为忽去兹。衣食当须纪，力耕不吾欺。

南村吸引陶渊明的，不只是清净秀丽的环境，还有本性善良，天真淳朴，毫无机巧之心的素心人。

移居南村的想法早已有之，因为他听说这里聚集了一些志同道合之士。他们隐居在这里，无论春夏与秋冬，享受着一片美好与宁静。故而，搬家前，陶渊明并没有像寻常人那样占卜问卦，求得风水吉利，而只是为素心人前往。

在南村，他丝毫不在意茅庐简陋、日子清贫，只愿与性情相投的朋友饮酒赋诗，共度晨夕。原本，广厦万间，宿不过卧榻三尺；良田千顷，食不过一日三餐。一直以来，他想要的，就是在平淡的日子中寻找意趣。如今，他终于得偿所愿。他们有时候闲谈人生，有时候欣赏奇文，茅庐虽小，却乐在其中。

第二首诗中，陶渊明以自在之笔写自得之乐。他明显已经融入了南村，十分享受这里的生活。

他们在春秋佳日，登高赋诗以抒怀；在有酒之时，过门辄呼以招饮。他们亲热随便，其乐融融，无须士大夫之间拜会邀请的虚礼，亦不顾及言谈举止的名士风度。

农忙时节，他们珍视劳动，各自去忙自己的农事；闲暇之时，又互相想念。想念之意一起，便披衣而起，夜访友人。即便到了深夜，也不会阻碍彼此之间的来往。

如此真挚而自然的相处方式，陶渊明十分珍惜，亦十分喜欢。

在南村，陶渊明在积极构筑现实中的桃花源。他虽逃离官场，远避喧嚣，但始终没有逃离生活。他不是一个空想主义者，而是一个脚踏实地者。

可以说，如果没有人与人之间的良好关系做基础，也就难以形成他自由自在的精神世界。

或许是，陶渊明创造了南村中的桃花源，又或者是，小小的南村成全了陶渊明的桃花源。

文人相惜

古语云，文人相轻。

但事实上，文人更容易成为彼此的知己，更懂得惺惺相惜。

南村聚集了以陶渊明为代表的一批文人，他们临风把盏，登高赋诗，一同走过悠悠岁月，一同笑看人世沧桑。

这些文人之中有故交，亦有新知。譬如与陶渊明共同构成“浔阳三隐”抑或被称为“庐山三隐”的刘遗民和周续之。刘遗民是陶渊明的故交，而周续之则是陶渊明搬到南村之后认识的。此外，还有殷晋安、王弘、颜延之等人也是陶渊明在这里相继认识的。

他们不像刻板印象中的“文人”那样，各以所长相轻所短。他们更懂得包容，因为读万卷书，行万里路，所以心中的风景自然比常人更为开阔。

文人常常被视作迂腐而执拗的，那是因为文人具有一般人不曾拥有的坚持。他们于书本中体味着先贤往事，于无数次心灵的艰苦叩问之中，形成了坚定不移的人生信仰。

文人相惜，或许来源于那份寥落但唯美的孤独。如同后代宋人苏轼的承天寺夜游，两个失落的被贬谪的文人，因愁苦而夜不能寐，漫无目的地寻找，却发现原来你也在这里。

南村的文人都有自己的落寞，陶渊明时常披衣而起，夜访友人，不也是因为孤独吗？一个人的孤独是寂寞的，而一群人孤独，可以得到深深的慰藉。他们含着一眶酸楚的泪水，俯就一个情感的依托，舔舐着那份真实的情感，咀嚼着每一次心灵的触动。

在南村，文人们找到了彼此，找到了知音，安放了他们那颗无处安放的灵魂。故而，南村既可以被视作一个俗世之外的隐逸之村，也是一个于当时最有文化意味的文学社群。陶渊明曾经向往它，并慕名前来，也就不足为怪了。

就像陶渊明在诗中所写的那样，他来南村主要是为"素心人"，而当时在那里的文人之中，就有好友刘遗民早早隐居于庐山之侧的西林，离南村是很近的。或许，陶渊明心心念念的"素心人"，就是故交刘遗民。

刘遗民是第一个选择隐居在庐山之侧的人。当时，慧远法师居住在庐山的东林寺。刘遗民、慧远以及陶渊明应当都是很好的朋友，陶渊明二十岁时即上庐山拜见过慧远，后慧远结立

“白莲社”也曾屡次有意招陶渊明入社。尤其是陶渊明搬往南村居住之后，他们三人的交往更加密切了。

陶渊明和刘程之均是文人，他们之间所谈除佛学外，应该有更加广阔的内容。他们常常以诗歌互相酬答，《和刘柴桑》《酬刘柴桑》这两首诗歌就是陶渊明写给刘遗民的酬和之作。前一首写于义熙六年（410 年）春天，即陶渊明刚刚搬来南村时所作，后一首写于是年秋天。

> 山泽久见招，胡事乃踌躇？直为亲旧故，未忍言索居。
> 良辰入奇怀，挈杖还西庐。荒涂无归人，时时见废墟。
> 茅茨已就治，新畴复应畬。谷风转凄薄，春醪解饥劬。
> 弱女虽非男，慰情良胜无。栖栖世中事，岁月共相疏。
> 耕织称其用，过此奚所须。去去百年外，身名同翳如。
>
> ——《和刘柴桑》

大约是诗人刚刚去拜访过刘遗民，从朋友那里返回自己的茅庐。“挈杖还西庐”中的“西庐”就是陶渊明于南村所居住的房子。归途之中，他所看见的都是民生凋敝，田园荒芜之景象。黑暗的社会现实坚定了他的归隐之心，山林泽国也已经召唤他许久，现在正是归隐的良辰，他不再因为亲旧之故而踌躇。陶渊明对好友回归自然、耕织自足的生活态度极为赞赏，也流露了他安于隐遁、不慕名利的情趣。

穷居寡人用，时忘四运周。榈庭多落叶，慨然知已秋。
新葵郁北牖，嘉穟养南畴。今我不为乐，知有来岁不？
命室携童弱，良日登远游。

——《酬刘柴桑》

陶渊明说自己寡居穷巷，很少与人来往，竟然忘记了四时变化。这里不免流露出归隐之后，不问世事，荒度余生的悲伤。可见，他心中偶尔会有因理想破灭、年华老去而产生的隐隐之痛。

在时光的流转中，诗人的心是很敏感的。于是，当庭院里飘荡着落叶之时，他便有了“一叶知秋”的伤感。他看到墙角的新葵、南畴的嘉穗欣欣向荣，却知道他们犹似生命的晚钟难得长久。

既然生命如此短暂，便要及时行乐。他将携带着妻儿与朋友相会，两家人亲切和睦，同享登高远游之乐。

其实，隐居世外，让生命像自然间的草木一样顺其自然地生长以及凋零，未必不是一件好事。

只是对于陶渊明来说，他最初的理想仍是儒家的立功、立德、立言。于是，那颗被时代熄灭的功名之心的火苗，总是在他的心中幽幽地燃起，就像晴朗的天空忽然飘过了几片乌云，他的压抑也便在于此了。

随着时间的推移，他的这种理想已经成了绝念，他的生命也就永远笼罩了一层悲剧的色彩。但陶渊明还是乐观的，大部分时间他是快乐的，即便如此贫穷、衰老，他还是用自己的心温暖了许多人。

我们都喜欢与温暖的人交往，喜欢与真诚的人谈心，陶渊明就是这样的人，故而他有许多朋友。自然，朋友们与他交往，也是仰望他的才学，爱慕他的品德。

周续之便是一个为陶渊明所吸引的人，他和刘遗民一样都是白莲社十八高贤之一，他还是慧远法师的同乡。

周续之时常诵读嵇康的《高士传》，十分欣赏书中那些高士的风度，甚至情不自禁地为之做注。他是一位神情专一的学者，兼通儒释道三学，并以老庄为主。

在周续之看来，要在晋末那样腐朽的社会中保持名节高志，就不能去应征求做官，更不能娶妻生子，徒增累赘，因此他过着布衣蔬食的独身生活。

周续之隐于山野后，曾多次拒绝征辟。豫州刺史抚军将军刘毅镇守姑孰时，请周续之去当抚军参军，晋帝又征聘他做太学博士，他都没有接受。但是江州刺史刘柳每次请他同游山水，他都欣然从命。

刘裕曾征辟周续之为太尉掾，周续之婉言谢绝。刘裕知道他心高气傲不肯为官，称他“真高士也”，赐给他丰厚的礼物。但是周续之在高官厚礼下，一如既往地在山中过着平静的平民生活。

陶渊明欣赏的，就是这样不慕名利、只爱云水的真正名士。

陶渊明与周续之性情相投，多有诗酒往来。

负疴颓檐下，终日无一欣。药石有时闲，念我意中人。
相去不寻常，道路邈何因？周生述孔业，祖谢响然臻。
道丧向千载，今朝复斯闻。马队非讲肆，校书亦已勤。
老夫有所爱，思与尔为邻。愿言诲诸子，从我颍水滨。

——《示周续之祖企谢景夷三郎》

这首诗是陶渊明为周续之、祖企和谢景夷三人在马队旁边那样极差的环境中讲解和校勘《礼记》所作。那是义熙十二年（416年），陶渊明五十二岁，他正在患病。终日于破败茅舍之中养病，少有乐事。闲时，便思念起昔日的友人。

周续之等人应刘裕征召，这本是令人高兴的事，但请几个饱学之士在马队旁边校书讲《礼》，就十分不协调了。

诗人希望周续之等人摒弃名缰利索，寄身田园，与他做邻居，讲《礼》给他听。

任何一个人，如果听到陶渊明这么欣赏他，都会义无反顾，前来赴约的。周续之果然来了，与陶渊明把酒言欢，甚是畅快。

像从前那样，周续之时常往来于陶渊明的庐舍，竹篱之下，常有二人相携而行的身影。不过，原本的“浔阳三隐”，如今只剩下他们两人。

义熙六年（410年），刘遗民去世。刘遗民或许是感染了当时流行的一种疾病——疟疾，不治而亡。

不过，据《东林传》和《出三藏记集》记载，刘遗民的去世颇具佛教色彩。据说，在他念佛的时候，见到阿弥陀佛，并获赠袈裟。另外，还由于饮了梦中七宝莲池的水而悟出往生净土的姻缘已到，便睡卧床上，面向西方合掌，安然往生。

佛家记载，亦真亦假。

人生百年，不过荒凉一梦。欢愉也好，荒凉也好，煊赫也好，寂寞也好，终会于刹那间画上句号。

世间万物，原本不过是镜花水月。能打捞的，只有手边的岁月。

中年离殇

年华似水，岁月如梭。蓦然一惊，中年已至。

张爱玲说中年人最是孤独，因为一觉醒来，发现身边没有可以依靠的人，而只有依靠他的人。

中年人的忧伤，在于皱纹徒生，壮志未酬，肩上的担子却越来越沉，身边的亲朋好友也如秋叶般一片片凋零。

年轻的时候，以为万事皆有可能，于是满怀信心一次又一次地出发，一次又一次地进入官场；到了快五十而知天命的年纪，虽然奋斗的念头时常一闪而过，但无奈身体开始衰老，有些理想注定已经无法实现。

义熙七年（411 年），陶渊明四十七岁，按照古人来说，距离知天命的年纪不远了。自从离开官场之后，他早已过起了躬耕田园，饮酒品诗的归隐生活，看淡一切。

人到中年，死亡好似西风，先是在他的四周悄悄刮起，把树上的叶子打得七零八落，大自然像清扫灰尘一般将生命一一拂去。他寂寞地站在世界中央，犹如落尽了叶子的秃枝，任由狂风呼啸。

四十七岁那年，秋天，陶渊明的从弟敬远溘然早逝，他悲不自胜，写下了《祭从弟敬远文》：

岁在辛亥，月惟仲秋，旬有九日，从弟敬远，卜辰云窆，永宁后土。感平生之游处，悲一往之不返，情恻恻以摧心，泪愍愍而盈眼。乃以园果时醪，祖其将行。呜呼哀哉！

於铄吾弟，有操有概。孝发幼龄，友自天爱。少思寡欲，靡执靡介。后己先人，临财思惠。心遗得失，情不依世。其色能温，其言则厉。乐胜朋高，好是文艺。遥遥帝乡，爰感奇心，绝粒委务，考槃山阴。淙淙悬溜，暧暧荒林，晨采上药，夕闲素琴。曰仁者寿，窃独信之；如何斯言，徒能见欺！年甫过立，奄与世辞，长归蒿里，邈无还期。

惟我与尔，匪但亲友，父则同生，母则从母。相及龆齿，并罹偏咎，斯情实深，斯爱实厚！念彼昔日，同房之欢，冬无缊葛，夏渴瓢箪，相将以道，相开以颜。岂不多乏，忽忘饥寒。余尝学仕，缠绵人事，流浪无成。惧负素志，敛策归来。尔知我意，常愿携手，寘彼众议。每忆有秋，我将其刈，与汝偕行，舫舟同济。三宿水滨，乐饮川界。静月澄高，温风始逝。抚杯而言，物久人脆。奈何吾弟，先我离世！

事不可寻，思亦何极？日徂月流，寒暑代息。死生异方，存亡有域，候晨永归，指涂载陟。呱呱遗稚，未能正言；哀哀嫠人，礼仪孔闲。庭树如故，斋宇廓然，孰云敬远，何时复还？余惟人斯，昧兹近情。著龟有吉，制我祖行。

望旐翩翩，执笔涕盈。神其有知，昭余中诚。呜呼哀哉！

陶渊明和敬远情同手足，他们的父亲是亲兄弟，母亲是亲姐妹。身世十分相似，都是在八岁的时候失去了父亲。只是陶渊明比敬远要年长十多岁。

敬远英年早逝，他的死离程氏妹的死短短不过几年，他们都是懂得陶渊明的人，他们生前都有很好的品行。

敬远喜欢琴书诗酒、林泉山水。他与人交游，总是谦卑温和，不计较利益得失。他也曾熟读儒家经典，二十岁那一年还和陶渊明来到乡下同住，半耕半读，心怀壮志。陶渊明也曾写了一首诗来勉励敬远，期待他实现心中所愿。

只是，时代造就了知识分子共同的悲剧，当敬远认识到朝廷昏暗时，便选择了远离喧嚷，抛开世俗，隐于山水之间。他和陶渊明一样，拥有一副孤傲的风骨，从不趋炎附势。

隐居世外的日子，很是清雅洒脱，是一副不食人间烟火的模样。

清晨，他上山采摘仙药，晚上便回到屋里研习素琴。如此性情纯净美好的人却早早离开人世，令人痛惜。

祭文中，陶渊明回忆与从弟敬远相处的过往，历历在目。

他们曾一起读书，一起畅游山水；也曾对酌篱下，醉了便抵足而眠。隐于山野，躬耕度日，过着箪食瓢饮、粗布麻衣的俭朴生活，但两人相互勉励，诗酒酬唱，过得悠然自得。

陶渊明辞官回家，只有敬远理解他，与他携手同游，对世俗之见置之不理。陶渊明记得，那年秋收之时，他去收割庄稼，敬远随他前往，一同乘舟渡水，又在河边连宿三夜，饮酒取乐。夜月之下，两人对酒倾谈，甚是畅快。

岁月流逝，寒暑更替。若干年后，他们已是阴阳相隔。

忆起往事，陶渊明忍不住泪眼模糊。

中年之后，死别就此悄悄上演，许多次最后的见面竟成了一世的永别。不经意间，心上落下的伤口，于年轮中已慢慢长成老茧，而另一些新的伤口还会继续生长。

从弟敬远死后的次年，陶渊明的另一位堂弟仲德相继去世，他作诗《悲从弟仲德》：

衔哀过旧宅，悲泪应心零。借问为谁悲？怀人在九冥。
礼服名群从，恩爱若同生。门前执手时，何意尔先倾！
在数竟未免，为山不及成。慈母沉哀疚，二允才数龄。
双位委空馆，朝夕无哭声。流尘集虚坐，宿草旅前庭。
阶除旷游迹，园林独余情。翳然乘化去，终天不复形。
迟迟将回步，恻恻悲襟盈。

这首诗哀伤凄迷，读之令人恻然。诗中描写仲德的旧宅，荒草丛生，妻子与他的灵位落满灰尘。陶渊明步入宅子，前去凭吊，眼见物是人非，不禁泪湿衣襟。他步履沉重、缓慢，于旧宅之中回步、观看，久久不忍离去。

仲德与陶渊明的感情，或许不似敬远那般深厚，但他的离世，同样让陶渊明悲痛万分，他将这种悲伤寄存于诗中，将仲德夫妇死后，旧宅空旷无人，灵前无人哀哭的寂寞写得直入人心。

尽管人世间冷暖未知，但活着或许就是一种希望。一个人活着，风雨有之，花落有之，花开亦有之。只有活着，才能见到晴空万里，才能闻到鸟语花香。

人至中年，难免会遇到更多的悲伤，落下更多的伤口。伤口需要时间愈合，人活着，需要坦然向前。

年近五十的陶渊明，放下了心中的疼痛，继续回南村散淡度日。

在那里，有琴书诗酒，有素心之人，可度关山岁月，可觅岁月温柔。

群游之乐

文人的山水情怀大约始于孔子。

孔子曰："知者乐水，仁者乐山。"

文人既喜欢水的明净，亦喜欢山的崔嵬。爱山爱水，皆是他们的志趣所在。山水不仅是客观的物理存在，审美的对象所在，更是文人精神文化品格的一种象征，是美好心灵的外部投射。

陶渊明隐居于南村，整日与清风为伍、鸟语为伴，他的性情也就越来越接近自然。

一个人时，浅酌低吟，独享清欢，将寂寞与烦恼交给杯中的美酒；一群人时，与朋友们纵横吟唱，诗酒狂欢，将世间的悲喜、人生的起落，放逐于山水之间。

如此，再贫穷的日子，也能够乐而忘忧；再匆忙的岁月，亦有些许翩然。

陶渊明是个热爱生活，且懂得享受生活的人。

作为南村文人的代表，他时常邀上三五知己，携手同游，行走于山间水湄。文人雅集，诗赋传唱，那一幅幅美不胜收的画卷，至今令人神往。

画卷里，陶渊明和他的朋友们，着一袭布衣，神情散淡，姿态优雅。浮世的动荡与喧嚣，在他们身后悄然淡去。构成这些画的全部背景是林中的飞鸟和山间的清泉。他们的身影如同轻盈的蝶点缀于自然山水之间，透露着温暖与馨香。

抽取其中一幅画卷，那是义熙九年（413年），陶渊明四十九岁，他已经在南村居住了三年，结识了许多新的朋友，也有几位旧时的友人时常来看望他，譬如张野、羊松龄、庞参军等人。

这一年，他与几位好友同游于周家墓柏下。是日，天朗气清，惠风和畅，陶渊明陶醉于山水，忍不住酣饮欢歌，写了首《诸人共游周家墓柏下》，山水之乐尽在笔端：

> 今日天气佳，清吹与鸣弹。感彼柏下人，安得不为欢？
> 清歌散新声，绿酒开芳颜。未知明日事，余襟良已殚。

陶渊明与诸位友人正当于游览之中，清吹管乐，鸣弹琴曲，极享群游之乐，却恰巧来到了周家的墓地。见墓地两边翠柏垂荫，他们内心顿生凄凉之感。

周、陶两家为世姻，那段历史悄然入怀，将陶渊明的情思引至悠远的先代。他和友人们驻足凭吊，追思那墓底下长眠的人，顿感人的生命既短暂而又空虚。

他说，正是因为如此，才要极力为欢，才能生无所憾。于是，他们又唱起欢乐的歌，喝起了新酿的酒。这样一群文人，了悟了生与死，在周家墓柏的掩映之下，眉开眼笑，衣袂飘飘，洒脱自如，仿佛谪仙之人。恐怕，这样的场景，在李白看来，也是羡慕的。毕竟，陶渊明是李白的精神偶像。

然而，那一年，陶渊明携友人游览周家墓柏只能算是山水之旅中悟透生死的一场预演。后来的人，对他的另一场游览更为关切。那便是义熙十年（414年），五十岁的陶渊明与两三邻居同游斜川。

开岁倏五十，吾生行归休。念之动中怀，及辰为兹游。
气和天惟澄，班坐依远流。弱湍驰文鲂，闲谷矫鸣鸥。
迥泽散游目，缅然睇曾丘。虽微九重秀，顾瞻无匹俦。
提壶接宾侣，引满更献酬。未知从今去，当复如此不？
中觞纵遥情，忘彼千载忧。且极今朝乐，明日非所求。

——《游斜川》

五十岁，是知天命的年纪，于陶渊明而言，自然感慨良多。

衰老，并不只是一个老生常谈的名词，而是具体入微地深入到每一个生活的细节，且是一个渐进的，漫长的，煎熬的过程。

当他的脚步不再矫健，走路时必须扶着拐杖；当他的牙齿掉落，吃饭时只能咀嚼一些软烂而无味的食物；当他的耳朵不再灵敏，目光不再清晰。他的内心便会不由得感到惊讶与惶恐。

少有人会喜爱自己衰老的容颜，除非有人对你情有独钟，就像十八世纪的爱尔兰诗人叶芝那样，爱一个人哀戚的脸上岁月的留痕。

陶渊明大约没有如此自恋，他喜欢年轻的自己甚于那岁月留下的痕迹。“念之动中怀，及辰为兹游。”为了消解心中的不快之意，他选择了出游。陶渊明和两三位好友，一起畅游了斜川。

天气晴朗，天空澄澈，大家依长幼顺序围坐，依傍着溪水，山水景物，一一呈现于眼前。

陶渊明游览的从来不是一些名山大川，他所描写也都是郊野的一些寻常景色，笔触平淡，却不失浪漫神秘之色彩。这大约是陶渊明酷爱异书，又能以富足自由之精神跳脱出寡淡之日常的缘故。

“中觞纵遥情，忘彼千载忧。”好景诱人，他们举起酒杯欢饮。酒至半酣，意适情遥，他们进入了神游的状态，也就自然忘却了千载之忧。

与上一首《诸人共游周家墓柏下》一样，陶渊明所要表达的是“及时行乐”的思想。它们的末尾十分相似，都是以“今日”开始，以“明日”结束，尽欢而散，却又留有余味。

今日虽已兴尽，但还有未知的明日。

如此，可见陶渊明隐居乡野，择邻而居的快乐。

陶渊明斜川一游，似乎有意仿效王羲之的兰亭集会，同属文人雅士，二人的心灵自然有共通之处。他们都在诗文中流露出了浓厚的生命意识，此为文人精神之代代延续。

陶渊明之后，有宋代苏轼作《和陶游斜川》：

> 谪居澹无事，何异老且休。虽过靖节年，未失斜川游。
> 春江渌未波，人卧船自流。我本无所适，泛泛随鸣鸥。
> 中流遇洑洄，舍舟步层丘。有口可与饮，何必逢我俦。
> 过子诗似翁，我唱而辄酬。未知陶彭泽，颇有此乐不。
> 问点尔何如，不与圣同忧。问翁何所笑，不为由与求。

苏轼以花甲之年远发海南，已然了解到人生并非只能一味地往上爬升，欣赏沿途的风景也无不可。

“谪居澹无事，何异老且休。”他当然了解谪居与老休的本质区别。前者是被迫的，后者则是顺乎天命，是荣光的。但他试着将心态转变，将两者等同视之。

渺渺山水间，一份笔墨，婉转了流年，牵动了古今文人共有的情怀。

不经意间，那一程山水，那一段时光，已锲刻于历史的深处。

我们相信，后来总会有人轻轻捡拾起散落的文字，用款款的深情，诉说并守候着那一份山水情怀。

责子心切

岁月摧枯拉朽，生命兜兜转转。

在度过了波澜起伏的前半生之后，人生逐渐走向平静。

人生不如意之事虽十有八九，但似乎都能被自己的内心化解。包括人生的理想，生活的富贵或者贫穷，以及子女的教育。

虽然陶渊明凭借豁达的个性，并不总是对之耿耿于怀，但临了面对和解决的时候，他也会暗自叹息。

我们总觉得陶渊明的生活是惬意的，实际上，在他移居南村后，日子才算过得有趣。然而，那时候，他已经接近五十岁了，生命已经过去了大半，体力渐衰。该有的梦想都已经有过，该品尝的美酒都已经品过，人生已无几多新鲜风景。因此，面对人世，面对死亡，他亦无所畏惧。

此时，他最喜欢的应该是怀念过去。怀旧，不仅是伤感的代名词，亦是人生不可缺少的一种情节。老年人理应是喜欢怀旧的。他们可以闲坐在门前，晒晒温暖的太阳，看看天边的云彩。他们眼中看到的是风景，回忆的却是人生。

五十岁的陶渊明大概也是如此。虽然，他少时怀有凌云壮志，但最终还是选择了回归平淡的生活。他喜欢将日子过得舒缓，喜欢享受与家人之间朝夕相处的美好。

晴好的日子，他会带着妻儿游于陌上。偶尔漫游山中，偶尔泛舟湖上，自由自在，无拘无束。

对日渐衰老的人而言，生命是在慢慢做减法。减去了华而不实的东西，腾空了内心多余的欲望。余生，只愿与最亲近的人相依。

人到了一定年纪，便会发现留在这个世界上的亲人以及能够谈心的知己越来越少。因此，对于亲情、友情，他会越发珍惜。

这几年，陶渊明陆续失去了妹妹还有两个堂兄弟，好友刘遗民也在不久前去世。在哀悼死去的亲友的同时，他自然也感知到自己的生命也在一点点消逝。

面对生命，他时常有一种无力感。尤其是在生病的时候，生活中的不如意，那些他想要忘却的烦恼，又填塞了他的心胸。他感到既惭愧又烦恼。

陶渊明患了一场很严重的病，那段时间，他常常卧病不起，无暇顾及外面的风景。

病中的人生了无意趣，不能喝酒，只能吃药。天气渐冷，他的咳嗽总也好不起来。病体虚弱，有时候勉强下床，坐到桌前，打算梳洗一番，却不敢面对镜中的自己。

不经意瞥向窗外，冬天已经到来，树上的叶子落了个精光。他顿觉寒意爬满了全身，仿佛自己是树上最后一片叶子，不久也将在风里飘摇，随风而去。

如果生命就在此刻结束，最令陶渊明放心不下的是他的五个儿子。孩子们虽都慢慢长大，却令他颇不满意。

> 白发被两鬓，肌肤不复实。虽有五男儿，总不好纸笔。
> 阿舒已二八，懒惰故无匹。阿宣行志学，而不爱文术。
> 雍端年十三，不识六与七。通子垂九龄，但觅梨与栗。
> 天运苟如此，且进杯中物。
>
> ——《责子》

老大懒惰，老二虽然聪明，但是不爱写文章，老三、老四到了十三岁还不能数到十位数，老五已经九岁了，四岁的孔融已经知道让梨，自己的儿子却只知贪吃。

孩子们都不争气，令他这个做父亲的很是失望。不过，他知道人的天赋无法强求，更何况孩子们自小在乡下长大，又忍受着饥饿与贫穷，能够健康成长，已让他颇感欣慰。

他自然也希望自己的儿子将来能有所作为，光宗耀祖。在长子俨刚出生的时候，他就写过一首《命子》，诗中充满了对儿子的殷切期待。

嗟余寡陋，瞻望弗及。顾惭华鬓，负影只立。
三千之罪，无后为急。我诚念哉，呱闻尔泣。
卜云嘉日，占亦良时。名汝曰俨，字汝求思。
温恭朝夕，念兹在兹。尚想孔伋，庶其企而！
厉夜生子，遽而求火。凡百有心，奚特于我！
既见其生，实欲其可。人亦有言，斯情无假。
日居月诸，渐免于孩。福不虚至，祸亦易来。
夙兴夜寐，愿尔斯才。尔之不才，亦已焉哉！

——《命子》(节选)

陶渊明认为自己孤陋寡闻，很失败，只能对祖先望其项背。因此，他将自己比作无所作为的孔鲤，希望儿子如“述圣”孔伋一样，能有一番作为。

他告诫儿子，祸福不会无缘无故到来，都是由人自己生成。望儿子能早起晚睡，勤奋刻苦，努力成才。

最后，诗人宽容地对儿子说，若是付出了努力而终未成才，那也是无可奈何的事情。

世间之人，天赋异禀者毕竟寥寥。若是资质平庸，那么，做个平凡的人，一生平淡，无忧无惧，也是件幸福的事。陶渊明虽心有不甘，但深知此理。

现在，他身患重病，自恐去日无多，唯一希望的就是儿子们能够和睦相处，互相扶携。

于是，他给儿子们写了一封家信，信中言谈款款，语重心长，满是舐犊之情。

告俨、俟、份、佚、佟：天地赋命，生必有死；自古圣贤，谁能独免？子夏有言："死生有命，富贵在天。"四友之人，亲受音旨。发斯谈者，将非穷达不可妄求，寿夭永无外请故耶？

吾年过五十，少而穷苦，每以家弊，东西游走。性刚才拙，与物多忤。自量为己，必贻俗患。僶俛辞世，使汝等幼而饥寒。余尝感孺仲贤妻之言。败絮自拥，何惭儿子？此既一事矣。但恨邻靡二仲，室无莱妇，抱兹苦心，良独内愧。

少学琴书，偶爱闲静，开卷有得，便欣然忘食。见树木交荫，时鸟变声，亦复欢然有喜。常言五六月中，北窗下卧，遇凉风暂至，自谓是羲皇上人。意浅识罕，谓斯言可保。日月遂往，机巧好疏。缅求在昔，眇然如何！疾患以来，渐就衰损，亲旧不遗，每以药石见救，自恐大分将有限也。

汝辈稚小家贫，每役柴水之劳，何时可免？念之在心，若何可言！然汝等虽不同生，当思四海皆兄弟之义。鲍叔，管仲，分财无猜；归生、伍举，班荆道旧；遂能以败为成，因丧立功。他人尚尔，况同父之人哉！颍川韩元长，汉末名士，身处卿佐，八十而终，兄弟同居，至于没齿。济北氾稚春，晋时操行人也，七世同财，家人无怨色。《诗》

曰："高山仰止，景行行止。"虽不能尔，至心尚之。汝其慎哉，吾复何言！

——《与子俨等疏》

陶渊明在信中回顾了自己五十多年的生活，他的人生，似乎一直为贫穷所困扰。为了生计，为了理想，他曾东奔西走。可是，即便这样劳碌了大半辈子，他依旧不能保障家人的生活，只能让儿子们跟着他忍饥挨饿。他认为自己这样的人生，自然是失败的，所以不免感到悲伤。

儿子们不能成才，陶渊明觉得自己也有责任，所以他并不想苛责他们。只是，他希望他们能够了解他一生的志趣与节操，能够明白他甘愿受着贫穷，埋没于乡野的意义所在。

他举韩元长、范稚春为榜样，希望儿子们能仰慕古代先贤，团结友爱。

这份近似遗书的家信，陶渊明既用来告诫儿子们该如何按照做人的准则生活，亦是对自己这一生的总结。

其实，在信的开头，他就已经表达了"生死有命，富贵在天"的生命观。只是在他用豁达的语气写下这些句子之后，心中依旧有错综复杂的情感。

人生哪有那么简单？更何况他的身后还有五个需要引导的儿子。所以，直到信的结尾，他写的是"高山仰止，景行行止"。再三恳切交代儿子们要向往古人美好的品行，把这份美德传承下去。这体现了陶渊明宽广的生命意识，他希望自己此生所抱守的信念，能于一代又一代的延续之中试炼出金石般的坚固与美丽。

人生，若说遗憾，陶渊明有太多遗憾，他反反复复诉说的情节，便是他永远无法打开的另一种人生。

但陶渊明知道，人生就是如此，选择了一条路，便不能走向另一条路。

分道扬镳

世上道路千千万，然而，最终能够选择的只有一条。

人们往往借由自己的心性以及时代的环境做出判断，选择一条最适合自己的道路。

陶渊明生性淡泊，喜爱山水，故而他选择了归隐田园。

然而，并不是所有人都能像他一样不慕名利，不求闻达，甘愿守着清贫度日。

魏晋时期的文人，大多也都热爱山水，常常以隐士自居，他们或多或少都有过一段隐居岁月。然而，真正淡泊名利的隐士并不多。他们大多是以“隐居”之名养清望，以求仕途上的“终南捷径”。

陶渊明的好友之中，亦有一些人最终还是放弃了归隐，重新拾起那颗蠢蠢欲动的世俗之心，奔赴那声色犬马的官场。

面对好友不同的选择，陶渊明有过叹息，有过祝福，亦有过苦口婆心的劝诫。在高官厚禄的诱惑之下，他们不能坚贞自守，失去了文人该有的德操，这自然是令陶渊明失望的。

不过，他自始至终都没有忘记朋友们之间曾经拥有过的情谊，常常在诗歌中流露出对朋友深挚的感情。

从前，在陶渊明落魄之时，友人们曾陪伴他度过了最艰难的岁月。现在，他们虽然离他远去，独留他一人自斟自酌，寂寞无比，但他的心中依然充满了感激。

不知为何，生性淡泊之人向来都是如此知足。浮世三千，他只取一瓢饮。故而，他比世人少去了许多烦恼，能够洁身自好，悠游自在地徜徉于这世间。这是他的“拙”，又未必不是他的大智慧。

义熙七年（411 年），陶渊明写了一首诗送别与他比邻而居的友人殷晋安。

游好非少长，一遇尽殷勤。信宿酬清话，益复知为亲。
去岁家南里，薄作少时邻。负杖肆游从，淹留忘宵晨。
语默自殊势，亦知当乖分。未谓事已及，兴言在兹春。
飘飘西来风，悠悠东去云。山川千里外，言笑难为因。
良才不隐世，江湖多贱贫。脱有经过便，念来存故人。

——《与殷晋安别》

陶渊明从去年搬到南村居住，和殷晋安成了邻居才认识他的。他们相交的时间并不长，却话语相投，一见如故。

他们，曾把盏篱下，也曾持杖同游，关系十分亲密。只是殷晋安是一个入仕之人，而陶渊明是一位隐士。抱负不同，注定二人将分道扬镳，各奔东西。

相识不久，殷晋安就要赴任刘裕的参军，离开浔阳东下。陶渊明为此感到可惜，他十分看重与殷晋安之间的友谊。“脱有经过便，念来存故人。”他告诉殷晋安，千万别忘了他这个朋友，得空来此一聚。

天下没有不散的筵席。殷晋安移家东下，犹如天上行云，渐去渐远，消失在陶渊明的视线中。陶渊明并没有沉湎于悲伤，只是淡淡地劝慰，道一声珍重。

贤才出仕才能通达，江湖隐者多是贫贱。陶渊明的语气中带着自嘲与伤感，却也是对朋友最真诚的祝福。或许，殷晋安能够于仕途中有一片光明的前景吧。

人生无常，聚散有时。陶渊明是个洒脱之人，他相信，真正的朋友，纵使相隔千里，只要能彼此牵挂，便不负“朋友”二字。

义熙十三年（417年），陶渊明的另一位老友羊松龄也离开了田园，他受江州刺史檀韶所遣，前往关中祝贺刘裕北伐胜利。出使之前，羊松龄规劝陶渊明与他一同入仕。陶渊明作诗《赠羊长史》予以回应。

愚生三季后，慨然念黄虞。得知千载上，正赖古人书。
贤圣留余迹，事事在中都。岂忘游心目？关河不可逾。

九域甫已一，逝将理舟舆。闻君当先迈，负疴不获俱。
路若经商山，为我少踌躇。多谢绮与角，精爽今何如？
紫芝谁复采？深谷久应芜。驷马无贳患，贫贱有交娱。
清谣结心曲，人乖运见疏。拥怀累代下，言尽意不舒。

诗中流露出陶渊明对时局的观感和自己的政治态度，回应了羊松龄的好意规劝。他对羊松龄说：“若经过商山，务必稍作停留，向商山四皓的英灵致意。”商山四皓是西汉时期著名的隐士。言外之意，陶渊明不愿意误入仕途，而是希望追慕隐士先贤，终身归隐。

陶渊明此时早就看透了人世间的利弊相生、祸福相依，即使面对最真挚的朋友相劝，他的心也是坚定不变的。早在许多年之前，他就已经坚定了隐于世的决心。人们的欲望，往往诱使他们选择表面上看上去光鲜亮丽的事物，都希望坐在高车驷马之上，昂首阔步。然而，陶渊明知道它们未必适合自己。

若是在意他人的眼光，违背了自己的本心，那便是一种灾难。对陶渊明而言，最适合自己的还是田园，虽然贫穷和卑微的身份是人人唯恐避之不及的，但退出污浊的官场，能够让他活得身心自在、理直气壮，何尝不是一种正确的选择。

羊松龄与陶渊明相识已久，在陶渊明尚未退出官场之前，他们就已经成了好友。羊松龄的入仕不是积极的，而是出于一种半自动的状态。他也像曾几何时的陶渊明那样徘徊于“仕隐”之间，无法作出抉择。只是，最终他还是选择了入仕。

对于羊松龄的选择，陶渊明应当是支持的。“念彼穷居士，如何不叹息？”“虽欲腾九万，扶摇竟无力。”“思觉庆未看，徒使生迷惑。”便是对满怀抱负的友朋的鼓励。若朋友们有入仕之心，就要趁早做决定，不要徒生迷惑。

真正的朋友，或许就是这样，不用委屈自己成全他人，亦不用固守己见勉强说服他人。只需在最热切的愿望面前，给他一点勇气，一份动力，一句温暖的关心。

陶渊明未选择入仕，是有他的道理的。彼时，刘裕在消灭桓玄、卢循等异己势力之后，大权独揽，地位尊崇，篡逆之意日渐明显。因此，对于羊松龄此番入关，他忧心忡忡。

公元420年，刘裕毒杀晋恭帝，改朝换代，建立刘宋。

公元422年，另一位友人庞尊投入刘裕建立的新朝廷。

庞尊和羊松龄一样，都是居住在浔阳的底层文士，十分仰慕陶渊明。他们一起游览了周家墓柏，也一起游览了斜川。陶渊明在诗中提到的“二三邻曲”，大约指的就是他们。

庞参军奉命出使江陵，以诗赠陶渊明。陶渊明亦予以回赠，写下《答庞参军》一诗：

相知何必旧，倾盖定前言。有客赏我趣，每每顾林园。
谈谐无俗调，所说圣人篇。或有数斗酒，闲饮自欢然。
我实幽居士，无复东西缘；物新人惟旧，弱毫多所宣。
情通万里外，形迹滞江山；君其爱体素，来会在何年！

陶渊明在序言中写道，自己抱疾多年，体质虚弱，不再写诗。但是按照《周礼》所说“礼尚往来”的道理，勉力回诗。也是作为别后相思的慰藉。

昔日好友，相继离别，而他又年老体衰，心情自然是更加寂寞。此时，陶渊明已六十岁。已经步入耳不灵敏、老眼昏花、走路都无法走稳的花甲之年。他无心挂念政治风云，只求人生最后的岁月能安然无恙。

但是，他还是关心着远方的朋友，希望来年能再次相会。

不知道，后来，他是否与好友重逢。

幸好，在他的身边总还有一些志趣相投的伙伴，总有一些人留下来作伴。譬如张野，他和陶渊明同居浔阳，且是姻亲，往来频繁。陶渊明曾在《岁暮和张常侍》写道：

> 市朝凄旧人，骤骥感悲泉。明旦非今日，岁暮余何言！
> 素颜敛光润，白发一已繁。阔哉秦穆谈，旅力岂未愆！
> 向夕长风起，寒云没西山。厉厉气遂严，纷纷飞鸟还。
> 民生鲜长在，矧伊愁苦缠。屡阙清酤至，无以乐当年。
> 穷通靡攸虑，憔悴由化迁。抚己有深怀，履运增慨然。

张野，字莱民，南阳人，曾征散骑常侍。这首诗写于义熙十四年（418 年）十二月。是月，刘裕将晋安帝幽禁于东堂而立晋恭帝。张常侍辞去官职，远遁深谷，成为一名隐士。适逢其时，行将易代，陶渊明以诗和张常侍，以寄托其忧虑与悲愤。

诗人渲染了一副极为凄凉的景象，一阵又一阵寒冷似乎随着那乍起的长风吹向心灵的每一处角落。飞鸟已经回到巢穴，可失去了青春的陶渊明不知道精神的家园在何处。唯有酒，稍稍化解了他的孤独；唯有与朋友诉说，才能让心生出一点暖意。

殷晋安、羊松龄、庞参军、张野，他们都曾与陶渊明同酌共游，心心相印。竹篱之下，他们纵论古今，没有半点尘俗痕迹；山川之间，他们俯仰天地，尽显名士风流。

只是，人的心境会随着时间的推移悄悄转变。更何况，在东晋，那样一个山河巨变的时代。陶渊明和他的朋友们不过是一群生不逢时的文人。

茫茫红尘，漠漠风烟。陶渊明的生命，最终所剩的只有怀念。他怀念甚至眷恋着彼时的山川日月，彼时的风土人物。

可惜，从前的一切都回不去了。

第七章 山河巨变，江山易代

古来圣贤喜独酌，觥筹尽兴即风流。诗人，纵身跃入酒杯，半醉半醒，摇摇晃晃，尽可忘却万丈红尘。

酒中真意

酒杯里，红尘摇曳，藏着他的心事；诗歌中，不蔓不枝，写着他的心情。

古来圣贤喜独酌，觥筹尽兴即风流。诗人，纵身跃入酒杯，半醉半醒，摇摇晃晃，尽可忘却万丈红尘。

酒中的悲喜浮沉在慢慢溶解，诗中的聚散离合，依然错落有声。

逃到酒里的诗人，可以暂且忘却烦恼。但到酒醒之时，仍然有剪不断的忧愁。

于是，他终日饮酒，使自己处于一种微醺的状态。既不可酩酊大醉，亦不想决然清醒。如此，便脚步轻盈，心无挂碍，不用深感于世间丑陋而悲伤不已。

陶渊明饮酒，向来是适中的，调和的。他喜欢留一半清醒，留一半糊涂，暗自体会人生的千滋百味。

陶渊明写酒的诗歌，大约有六十首。自他成年之后，便开始饮酒，这自然与当时的时代风气有关。《五柳先生传》中的陶渊明，“性嗜酒，家贫不能常得”，“造饮辄尽，期在必醉”。那时候，他还很年轻，所以是狂放的，酣然畅饮，狂饮而醉，也就时常发生。

后来，他入了仕途，几进几退，心中烦闷，也常常喝点小酒。譬如写于他为母守丧期间，暂归田园时的《连雨独饮》：“故老赠余酒，乃言饮得仙。试酌百情远，重觞忽忘天。”这时，他喝酒是为了慰藉孤独，断绝心中杂念。

到了晚年，他的酒量似乎越来越好了，无一日不饮酒。因此，由少及多，写了二十首题为《饮酒》的诗歌。

那时候，他之所以喝那么多酒，写那么多诗，是因为心中实在有太多的悲愤需要排遣。

《饮酒》组诗写于晋宋易代前夕，陶渊明思绪万千，感慨极多，却又无力改变局势。只能借酒消愁，逃遁到酒乡中去。

不过，诗歌虽题名为《饮酒》，却并非每首都有饮酒的内容，而是为了借“醉酒”来逃避政治迫害。

刘裕是个心狠手辣之徒，他先后杀死东晋的两位末代皇帝，晋安帝司马德宗和晋恭帝司马德文。陶渊明痛感世道险恶，为了避免杀身之祸。他隐而不仕，假装酗酒放浪，来表明自己没有政治野心，以打消刘裕的猜疑。

他从前在诗歌中经常提及跛脚、疾病等，或许也是为了逃避政治。不过，据许多资料记载，陶渊明的确患有脚疾。似乎那个时代，许多人都患有脚疾，并且都以脚疾为由推辞朝廷的征辟。

譬如，陶渊明的外祖父孟嘉就曾经在晋穆帝召见时，辞以脚疾；《晋书》卷六十八《贺循传》记载，陈敏叛乱时，诈称诏书，让贺循做丹阳内史，贺循辞以脚疾；《宋书·范晔传》记载，篡晋登基的刘裕召范晔北征，范晔辞以脚疾，但被刘裕拒绝了。

据说，他们的脚疾与服食药石有关。陶渊明和当时的文人一样，也喜爱辟谷之术。他们服药的时候需要喝酒送服，以散发药效。陶渊明喜爱服食“菊花酒”，亦是养生之术。

他的二十首《饮酒》诗虽然是借题发挥，并非饮酒后趁兴而作。但他的生活中肯定少不了喝酒，故而这些诗亦带着浓浓的酒味，带着几许菊花的清甜。

从组诗的内容看，陶渊明依旧关注时局，不能忘情于现实。“衰荣无定在，彼此更共之。”（《饮酒·其一》）是有感于社会黑暗、世俗败坏的激愤；“积善云有报，夷叔在西山。”（《饮酒·其二》）是怨恨社会的是非颠倒、黑白不分，是对他传统道德观的颠覆；“道丧向千载，人人惜其情。”（《饮酒·其三》）更令人绝望的是，这样的道德沦丧为时已久，已经没有再变好的可能。

正因为这个世界已无可救药，所以许多人选择了和稀泥。譬如第九首中“田父”劝他“一世皆尚同，愿君汩其泥”。然而，陶渊明依旧耿介拔俗、守正不阿。他说“青松在东园，众草没其姿。凝霜殄异类，卓然见高枝”（《饮酒·其八》）。经过了浮世折磨，想不到他依然以清高自许，实在可贵。

现代作家王小波曾经在《黄金时代》中写道："后来我才知道，生活就是个缓慢受锤的过程，人一天天老下去，奢望也一天天消失，最后变得像挨了锤的牛一样。"

许多人像王小波所说的那样，成了那只被社会锤扁的牛，眼里没有了光。可是，陶渊明不一样，他的内心依旧是骄傲的。

他的这份洁身自好，让我们想起楚国的诗人屈原，只是屈原选择了自投汨罗江而死，用自己的生命与黑暗现实做至死的抗争。陶渊明却极其爱好养生，饮食菊花酒以求延年益寿。因为这个世界带给他的不只有绝望，还有平凡生活中的温暖与感动。

组诗中最著名的一首是《饮酒·其五》：

> 结庐在人境，而无车马喧。问君何能尔？心远地自偏。
> 采菊东篱下，悠然见南山。山气日夕佳，飞鸟相与还。
> 此中有真意，欲辨已忘言。

诗中构筑的是一幅十分素朴、温馨的画面。在这世间，陶渊明拥有一间属于自己的小房子，它虽然不是"面朝大海，春暖花开"，却也傍山而建，临水而居。

菊花金灿灿地拥簇在东篱之下，远处的庐山悠然可见。山风柔和地吹来，带着夕阳暖暖的余味。鸟儿们成群结伴，回到林中的巢穴。他说，这样的生活中隐藏着"真意"，无须玄言相辩，只需静静地感受这份美好。

就这样，他将自己的生命安置于这自然田园之间。在这里，不仅有春华秋实，而且有琴歌酒赋。在这里，他悠游自在，乐不思蜀，期待生命能够长长久久。

醉意朦胧间，陶渊明落笔为诗。满纸的清风明月，他醉在其中。

白衣送酒

温一壶诗酒，煮一段年华。

静沐云水禅心意，闲听空山鸟语声。

晋宋易代之际，天下士人积极奔走，纷纷求索，希望在新朝建立之后，立马占得一席之地。世俗之心，路人皆知。

陶渊明却不在意，他只是按照自己的节奏生活，依旧采菊酿酒，把盏吟诗，独自守得一份清闲。

为了远离官场的是非纠葛，他很少结识官场上的人，州郡官员曾几度邀请他入仕为官，都被他或以脚疾，或以病弱而婉言谢绝了。

回绝的次数越多，他的清逸之名反而益盛。

义熙十四年（418 年），时任江州刺史的王弘镇守浔阳，听闻陶渊明之高名，特意前来拜访，希望与他相识结交，成为良友。然而，陶渊明对此类官宦人士并无兴致，于是他索性称病，闭门不见。

王弘喜交天下名士，而陶渊明屡次相拒，他自然心有不甘，越发想要结识这位性情高逸，诗才旷世的隐士。于是，他只好求教于陶渊明的昔日好友庞通之。庞通之即庞参军，又名庞尊，他现在正是王弘的参军。

而陶渊明经常去往庐山，王弘知道陶渊明好酒，便打算让庞通之在半道上摆设酒席招待他。等到陶渊明酒足饭饱，心满意足之时，他再出来与之相见。

庞通之深知王弘是一位风雅之士，他和官场上那些庸俗势利的官员不同，又见他对陶渊明仰慕之心如此之切，便答应为王弘引见陶渊明。

那日，陶渊明外出归来，正是筋疲力尽、饥肠辘辘之时，见好友庞通之在路边一个小凉亭里坐着，还在一边的石桌上备了酒席。他心中正纳闷着，好友便开口道：“听说你今日回家要路过此处，所以特地设宴，为你接风。”陶渊明说：“我正值口渴脚乏之际，你来迎接我，我已经十分欢喜。又设酒宴，令人感激涕零。”

然后，二人便在亭下对酌闲谈。酒意渐浓时，庞通之请出王弘。陶渊明见其温文尔雅又谦逊有礼，便不再拒绝。于是，三人把酒，肆意笑谈。

酒足兴尽之时，王弘邀请陶渊明前往州府，陶渊明欣然答应了。他大约是被王弘的一番坦诚之意打动了。

王弘问他要坐什么交通工具，真实意图是希望陶渊明坐官府的车马前去。但陶渊明向来是一个洒脱无羁之人，他说自己患有脚疾，喜欢坐平常所用的篮舆，以便之后自己返回家中。王弘便只好听从，派一个门生和陶渊明的两个儿子交替将他抬着去往州府。一路上，他们谈笑风生，虽有华轩在侧，陶渊明却没有丝毫羡慕之意。

其实，陶渊明生性放达，喜爱与人交往。只不过他交往的都是一些淡泊清雅之人，而非附庸风雅之辈。王弘是东晋丞相王导曾孙，中领军王洽之孙，司徒王珣长子。他的骨子里透露着名门士族的高贵与优雅，凭借着良好的出身和个人的实力，他在仕途上一路畅达。或许，在他的身上，亦有陶渊明的不可企及之处吧。

于是，两个互相欣赏的人便这样相遇了。人与人之间的缘分就是如此微妙，志趣相投的人总会在这狭小的历史舞台上相逢，他们成为两颗小小的星，相互指引，彼此照耀，成就了一段人间佳话。

那天之后，陶渊明与王弘便成了好友。陶渊明本着“绝州郡觐谒”的原则，前往州府的次数极少。而王弘则时常造访他的茅舍，对他的生活多有照拂，知他贫寒，总是以酒米相赠。

他们常常一起吟风赏月，对酌篱下。他们之间最美好的故事当是“白衣送酒”。南朝檀道鸾笔记《续晋阳秋》记载了此事：

> 陶潜尝九月九日无酒，宅边菊丛中，摘菊盈把，坐其侧久，望见白衣（官府中给役小吏）至，乃王弘送酒也。即便就酌，醉而后归。

重阳佳节，陶渊明欲饮菊花酒，但苦于家贫，无酒可饮。于是，只好漫步于菊丛，采摘大束的菊花握在手中，坐在花丛边痴痴地望着，暗自想象着，陶醉着。

蓦然间，他仿佛闻到了酒香正从菊花丛中弥漫而来。花香伴着酒香，以为这是幻觉。没想到，他看见一个白衣使者向他走来，手里正提了好几坛酒。一问，便知此人是王弘派来送酒的。这就是白衣送酒的典故。

陶渊明好饮菊花酒，尤其到了重阳佳节，当时的人都有饮酒赏菊的习惯。王弘知道陶渊明家贫，可能喝不到酒。于是，便在这一天特意派人前来送酒。

陶渊明自是感到欣慰无比。世上之人，锦上添花者多，而雪中送炭者极少。王弘是陶渊明真正的朋友，他懂他的窘迫不安，亦懂他的淡泊疏旷。

白衣送酒的故事，后来的文人时常引用。唐代王绩的《九月九日赠崔使君善为》最后两句诗曰："香气徒盈把，无人送酒来。"岑参的《行军九日思长安故园》开头："强欲登高去，无人送酒来。"李白在《九日登山》中说："渊明归去来，不与世相逐。为无杯中物，遂遇本州牧。因招白衣人，笑酌黄花菊。"

有时候，王弘也会邀请陶渊明参加州府的宴会，陶渊明虽不喜喧嚷但是盛情难却，也只好前往。

永初二年（421年）深秋，庾登之入京都，谢瞻赴豫章（今江西南昌），王弘在湓口（今江西九江）为他们设宴送别。陶渊明应邀在座，还作了首《于王抚军座送客》：

秋日凄且厉，百卉具已腓。爰以履霜节，登高饯将归。
寒气冒山泽，游云倏无依。洲渚四缅邈，风水互乖违。
瞻夕欣良宴，离言聿云悲。晨鸟暮来还，悬车敛余晖。
逝止判殊路，旋驾怅迟迟。目送回舟远，情随万化遗。

这首诗意境凄凉，与陶渊明许多写在诗中的秋天不同。

大概因为，这是刘宋新朝的第一个秋天，陶渊明心里藏着故国沦亡的悲伤，所以眼前所见尽是荒草落木。又或者是他此时原本已经十分衰老，面色苍白，身体虚弱，强撑着病体送别，心境自然萧疏。

在双重感伤的压力下，陶渊明心情黯淡。不过，结尾处他性格中达观的一面又表现出来："目送回舟远，情随万化遗。"注目行舟渐行渐远，人世间所有的感情都将随着自然变化而趋于消亡，更何况眼前这离别之情呢？如此无法改变的事，又何必伤感，苦苦折磨自己。

从晋义熙十四年（418 年）到刘宋永初三年（422 年）王弘一直任江州刺史。在此期间，他与陶渊明多有往来，把酒言欢是常有的事。

王弘奉诏入朝后，还念念不忘与陶渊明之间的情谊。他经常与陶渊明书信往来，还叮嘱朋友们照顾陶渊明。

人之一生，得一二知己，足矣。与王弘相识，陶渊明是不悔的。

老而弥坚

每一个春天降临，诗人的心都会悄悄萌动。

他的身体在渐渐衰老，但他的诗心从未老去。

每一个春天，他总是预感着某项重要事情将要来临。尽管，一个又一个春天过去了，什么事情都没有发生。

只要还有一个春天存在，他的眼睛便会不自觉望向窗外。他知道，有些灵感总会在不经意间相逢，他等待的事物可能也会在某一天突然到来。

他惊喜于自己的鼻子尚且灵敏，能够嗅出空气中春天的气息。有时候，他听不到外界哗然的喧响；有时候却能够听清一朵花开的声音，以及第一棵树的萌芽，第一只鸟的飞回，第一个远道而来的行人嘴里哼唱的小曲。

这些事物都令他激动万分。他坚信他还可以趁着这行将就木的年龄，看到一些美好的奇迹发生。

许多朋友会在他最贫寒的时候送酒来，会与他说最体己的话。他知道，那些看似绝望的时刻终将会过去，就像曾经那场差点要了他性命的疟疾，终将于疗养中痊愈。所以，他相信那些温暖的人，相信生命，相信未来。

经历了那么多风风雨雨，他依然拥有一颗干净明亮的赤子之心，感情里充满了年轻时候的荡气回肠。只是，一些力挽狂澜的梦想或许只能悬置于他的想象之中了。毕竟，他已不再年轻。

义熙十六年（420 年），刘裕弑杀了晋恭帝，东晋灭亡了。对于陶渊明来说，一切梦想似乎都要坍塌了，可是他的诗中并没有流露出低迷的绝望。他支撑起衰朽的身体，愤怒地执笔而书，写下了讽喻时事的诗赋。那是他所写过的最悲愤的诗歌，那是一个诗人强烈的家国责任感的体现。

然而，许多人并不懂得他的内心，在那时候是如何地暗流涌动，如何地慷慨悲凉。所以他们不相信一个垂垂老矣的隐士能够写出这样气壮山河的句子。他在《咏荆轲》中写道：

燕丹善养士，志在报强嬴。招集百夫良，岁暮得荆卿。
君子死知己，提剑出燕京；素骥鸣广陌，慷慨送我行。
雄发指危冠，猛气冲长缨。饮饯易水上，四座列群英。
渐离击悲筑，宋意唱高声。萧萧哀风逝，淡淡寒波生。
商音更流涕，羽奏壮士惊。心知去不归，且有后世名。
登车何时顾，飞盖入秦庭。凌厉越万里，逶迤过千城。

图穷事自至，豪主正怔营。惜哉剑术疏，奇功遂不成。
其人虽已没，千载有余情。

距离事件发生已六百余年，陶渊明忽而想起荆轲这位勇士，是因为刘裕弑杀君主的黑暗现实引发了他年迈生命的振动与裂变，这是他用自己的方式对那个时代所做的坚决反抗。

陶渊明的身上拥有荆轲般的自在精神，他虽然称不上百折不挠，却一直在坚守自我。这样的人，仿佛于陡峭石壁上横斜生出的松柏，瘦骨嶙峋却别有姿态。是的，现在的陶渊明就是悬崖峭壁上的那株松柏，他饱经风霜，老态龙钟，但眼里的光却更坚毅，更深邃了。

一个人老了，若是能够像陶渊明这样，不人云亦云，不趋炎附势，便是一种成功。只是太多的人，在岁月中消磨了自己的棱角，再也没有当初那种敢爱敢恨的勇气，只能写一些暮气沉沉的诗歌。

陶渊明在《咏三良》中写道：

弹冠乘通津，但惧时我遗。服勤尽岁月，常恐功愈微。
忠情谬获露，遂为君所私。出则陪文舆，入必侍丹帷。
箴规响已从，计议初无亏。一朝长逝后，愿言同此归。
厚恩固难忘，君命安可违！临穴罔惟疑，投义志攸希。
荆棘笼高坟，黄鸟声正悲。良人不可赎，泫然沾我衣。

“三良”是车氏的三个儿子：奄息、仲行、针虎。他们是当时秦国的三位贤臣，为秦王朝立下过汗马功劳。秦穆公死时，除了让百余活人殉葬以外，还要三良一起葬于地下。

《诗经·秦风》中有《黄鸟》一诗，记录三良之死。痛惜三良的遭遇，控诉秦穆公的残暴。

陶渊明的这首《咏三良》可以和《咏荆轲》放在一起欣赏，便知道他写这两首诗的目的并非在于赞颂车氏三兄弟以及荆轲知恩图报的忠义品德，而是流露着对忠臣义士悲惨遭遇的无限愤慨。

陶渊明是个珍惜生命的人，不仅珍视人的生命，亦十分珍视大自然中花草鸟兽的生命，这是出于儒家泛爱自然的观念。如此具有浓厚生命意识的人，自然不会去鼓励一个人做出牺牲性命的行为。何况，三良之死，是他们贪恋仕途，迷信君主的恶果，是无谓的牺牲。

陶渊明的变通在于，他善于吸收并用自己的切身体悟去融汇比较各家学说概念。儒家所说的“舍生取义”的观点，在他那里，也需要仔细辨认，而不是盲目接受。

总而言之，他是一个真实的人，纯粹的人，一个不为统治者假意呐喊，满口仁义道德的人。

刘裕称帝之后，陶渊明还写了首《述酒》，同样是隐晦地贬斥时事：

重离照南陆，鸣鸟声相闻。秋草虽未黄，融风久已分。

素砾皛修渚，南岳无余云。豫章抗高门，重华固灵坟。
流泪抱中叹，倾耳听司晨。神州献嘉粟，西灵为我驯。
诸梁董师旅，芊胜丧其身。山阳归下国，成名犹不勤。
卜生善斯牧，安乐不为君。平王去旧京，峡中纳遗薰。
双陵甫云育，三趾显奇文。王子爱清吹，日中翔河汾。
朱公练九齿，闲居离世纷。峨峨西岭内，偃息常所亲。
天容自永固，彭殇非等伦。

为了避祸，他用比喻的手法记录了刘裕篡权易代的过程。

这首诗的题注是“仪狄造，杜康润色之”。题目虽是“述酒”，内容却与酒无关。这与他的《饮酒》诗二十首有异曲同工之妙。

陶渊明在这首诗中回顾了整个东晋的历史，并借用“诸梁”和“山阳公”的典故，讽刺刘裕举义推翻桓玄，后又独揽大权，步之后尘之事。

诗的最后，陶渊明借范蠡的故事，表明自己闲居避世的决心；又借伯夷叔齐在商周易代后隐居于首阳山，最后活活饿死的故事，表明自己宁可饿死，也不愿意侍奉新朝的态度。

晚年的陶渊明，力持晚节，如此决然，如此清醒。他的醉酒，不过是刻意假装糊涂。

一个老去的书生，阅尽人世沧桑，看透世事悲凉，内心却依然保留着书生意气。那种精神便是“老而弥坚”。

时代的风声从他的头顶悲怆地刮过，他奋力地抓住自己的桨，支撑着老弱的孤舟，行驶于茫茫无际的大海。

他要远去，寻找一片风平浪静的港湾。或许，他已经找到了，就是庐山脚下的南村。

所以，他选择在这里安然度日，尽享晚年。

每一年的春天，他还是会像从前一样，期待大地上万物复苏，期待远方的朋友给他带来好消息。

于诗人而言，衰老从来不会禁锢一个人的灵魂，纸笔就是他们的生命。

如此来说，晚年的陶渊明诗意盎然，生命越发蓬勃了，他写下的每一首诗都是人类历史长河中的奇迹。

君子固穷

黑夜的飞鸟掠过天空。

在梦里，听见岁月悄然流逝。

躲在梦的深处，想要抓住流逝的时光。可是它，瞬间化作尘埃，散落一地。

醒来后，惊觉自己的容颜又苍老了许多，只是目光仍然是年轻时候的模样。带着几分倔强，几许清高，几抹淡淡的忧伤。

桌上，摆放着酿造菊花酒的瓶子，瓶口敞开，还散发着淡淡的酒的余香。他凑近，凝视瓶中，空空如也。原来，昨晚，他已将之一饮而尽。本以为菊花酒可以养颜，没想到皱纹还是悄然爬满了脸庞。

他顾影自怜，摇摇头，徒然叹息。世界上哪有什么使人返老回春的神丹妙药？只不过是人们害怕衰老，自作掩饰罢了。

忽而想到前日随意捧起的一卷书中，倒有一篇十分美妙的文章，与自己心心相契。于是，他忙从抽屉中取出，将之重温一遍。

那是汉代儒学大师董仲舒写的一篇《士不遇赋》，他站起来，手持书卷，缓缓地吟哦起来："呜呼嗟乎，遐哉邈矣。时来曷迟，去之速矣。屈意从人，非吾徒矣。正身俟时，将就木矣……"

读到这些句子，他的内心顿时波涛汹涌，激动得热泪盈眶。

在这种伤感的时节读这些伤感的句子，无疑是用疏泄的方式为自己疗伤。

读罢，他意犹未尽，又找来司马迁的《悲士不遇赋》，继续吟哦起来："悲夫！士生之不辰，愧顾影而独存……"

董仲舒和司马迁写的不就是陶渊明此时此刻的心境吗？自古以来，怀才不遇的文人都会发出类似的感慨。这让他仿佛在书本中找到了知己。

既然如此，他也要创作一首诗歌回应先人，以示来者。

念此，便精神抖擞，诗兴大发。他连忙展纸研磨，提笔疾书。

灵感翩跹，胸有成竹，他写下了标题《感士不遇赋》。

接着，他又写下了第一行文字以交代自己写作的由来："昔董仲舒作《士不遇赋》，司马子长又为之。余尝于三余之日，讲习之暇，读其文，慨然惆怅。"

写罢第一行字，他文思泉涌，若不可遏。紧接着上一行字，他笔走龙蛇，继续写下去。倏忽之间，一段清新隽雅的小序便完成了。

夫履信思顺，生人之善行，抱朴守静，君子之笃素。自真风告逝，大伪斯兴，闾阎懈廉退之节，市朝驱易进之心。怀正志道之士，或潜玉于当年；洁己清操之人，或没世以徒勤。故夷皓有“安归”之叹，三闾发“已矣”之哀。悲夫！寓形百年，而瞬息已尽，立行之难，而一城莫赏。此古人所以染翰慷慨，屡伸而不能已者也。夫导达意气，其惟文乎？抚卷踌躇，遂感而赋之。

序言的意思是：遵守信义，不忘忠孝，是人类美好的品德；胸怀淳朴，心地清静，是君子恪守的素志。然而，自从淳朴的风尚消失，虚伪之风便开始盛行，廉洁谦让的操行在民间渐被淡忘，追逐高官厚禄的侥幸之心在官场上日益泛滥。

陶渊明认为，这样恶劣的时代风气导致的荒谬结果是：一些胸怀正直、立志治世之士，正当壮年而隐居不仕；一些洁身自好，节操清廉之人，却徒劳终生。

所以，善恶有报的因果观念在这个是非颠倒的时代已经行不通。否则怎么会连伯夷、叔齐和商山四皓这样的至善之人都不能善终，只能躲藏在首阳山被活活饿死；楚国的三闾大夫屈原，志守高洁，却最终走投无路，自沉汨罗江而死。

人生百年，转瞬即逝，身负才华与抱负却无法建功立业，得不到应有的赐爵封地，实在是一件可悲的事。

序中的几番感慨不过是陶渊明读书后的初步体悟，他将更深的哲思蕴含于赋的正文之中：

咨大块之受气，何斯人之独灵！禀神志以藏照，秉三五而垂名。

或击壤以自欢，或大济于苍生；靡潜跃之非分，常傲然以称情。世流浪而遂徂，物群分以相形。密网裁而鱼骇，宏罗制而鸟惊。彼达人之善觉，乃逃禄而归耕。山嶷嶷而怀影，川汪汪而藏声。望轩唐而永叹，甘贫贱以辞荣。淳源汩以长分，美恶作以异途。原百行之攸贵，莫为善之可娱。奉上天之成命，师圣人之遗书。发忠孝于君亲，生信义于乡闾。推诚心而获显，不矫然而祈誉。嗟乎！雷同毁异，物恶其上；妙算者谓迷，直道者云妄。

坦至公而无猜，卒蒙耻以受谤。虽怀琼而握兰，徒芳洁而谁亮！哀哉！士之不遇，已不在炎帝帝魁之世。

陶渊明认为人是万物之灵，凭借三才五常之道才得以留名。故而，衡量一个人是否能够成人的标志，不应是看他是否取得了世俗意义上的成功，而是要看他是否保留了人类最宝贵的品质。

至于人们选择隐居乡野击壤以自乐，或者是步入仕途拯救天下，只要合乎本分，持有道德，都是无可非议的。毕竟，人生在世，本应各得其所。所以，他为自己选择的归隐之路感到心安。

然而，归隐实在是为了守护节操而做的无奈之举。谁不渴望积极入仕，建功立业呢？只是，现世的成功如果只能依靠丢失为人的准则，丧失自己的良心而获得的话，那这样的成功就毫无价值。

他悲叹再也回不到炎帝、黄帝那个民风淳朴的时代，只能眼睁睁看着人类在野蛮人的带领之下走向万劫不复的深渊。那是历史的倒退，那是天道的丧失，那是人类的堕落！

对于这一切，他无能为力，只能选择逃避政治，独善其身。即便不能用一己之力唤醒道德沦丧的世人，至少他不能往污水里面再添污浊。这份保持善良的高度自觉，正是陶渊明智慧心灵的显现。

> 独祇修以自勤，岂三省之或废；庶进德以及时，时既至而不惠。无爰生之晤言，念张季之终蔽；愍冯叟于郎署，赖魏守以纳计。虽仅然于必知，亦苦心而旷岁。审夫市之无虎，眩三夫之献说。

他进德修业的目的，并不只是为了实现一己之功名，而是为了维护人类在上古时代建立起来的道德体系。那才是陶渊明立德建功的根本所在。

他知道即便自己的道德已经臻于完善，也有可能被世俗永久埋没。就像张季、冯唐等人，如果没有爰生、魏守伯乐相荐，也就难以施展抱负。所以，“成人”是每个人勤加修炼就可以做到的，而成才就要靠时运天机。

这是陶渊明等待了大半辈子还未遇到良机而发出的感慨。或许，他意识到这样的机会不会再来了。于是，他愤愤不平地说人言可畏，世上多是弄假成真之事。明知道假象是十分荒谬的，但是愚昧的人总是会遭受蒙蔽，以至于他们分不清贤才良将与奸佞小人。

> 悼贾傅之秀朗，纡远辔于促界。悲董相之渊致，屡乘危而幸济。感哲人之无偶，泪淋浪以洒袂。承前王之清诲，曰天道之无亲；澄得一以作鉴，恒辅善而佑仁。夷投老以长饥，回早夭而又贫；伤请车以备椁，悲茹薇而殒身；虽好学与行义，何死生之苦辛！

贾谊、董仲舒、伯夷、叔齐的下场都十分悲惨，正是证明了时运的重要性，他们都是因为没有遇到明君，与昏聩的社会格格不入才受难的。

> 疑报德之若兹，惧斯言之虚陈。何旷世之无才，罕无路之不涩。

坏人、庸人搅乱了这一切，使得原本秩序井然，美好和谐，人人得以自由而全面发展的社会，变成人人自危，无路可走的绝境。

伊古人之慷慨，病奇名之不立。广结发以从政，不愧赏于万邑；屈雄志于戚竖，竟尺土之莫及；留诚信于身后，动众人之悲泣。商尽规以拯弊，言始顺而患入。奚良辰之易倾，胡害胜其乃急！苍旻遐缅，人事无已；有感有昧，畴测其理！

陶渊明又举了李广、王商的例子来说明世道已经变坏，如果再迷信于“善人善报”的信仰，便只能陷入无边的痛苦与深度的自我怀疑中。但恰恰是践行道德如此艰难，才最能检验一个人是否怀有最纯粹的品质。

那一刻，他终于明白，其实天道从未改变，只是人改变了。人们太过执着于道德之功利，才最终纷纷背离了正道。

他要做的，就是看清这个世界，剔除不切实际的幻想，做一个道德的守护者。

宁固穷以济意，不委曲而累己。

君子本来就应该在困窘的时候显得更加高贵脱俗，因为他那高洁的品质是没有什么事物可以摧毁的，他不会出卖自己的灵魂，扭曲自己的品格。而道德低下的小人就难以做到了，他们往往为了眼前的利益，自轻自贱，无所不用其极。

> 既轩冕之非荣，岂缊袍之为耻？诚谬会以取拙，且欣然而归止。拥孤襟以毕岁，谢良价于朝市。

故而，对于陶渊明这样的儒士来说，富贵并不代表光荣，贫穷也没有什么可耻之处。因为君子存在于世的意义，原本就不在于捞取利益，而在于给这崩坏的世界带来一点希望，哪怕它是那样微弱，那样渺茫。

最后，他道出了自己的志向：甘愿怀抱孤介之情，隐居避世，安度此生。

这是陶渊明面对易代之悲，又一次虔诚地叩问自己的灵魂所得到的答案。这是他日夜徘徊，勤读诗书，冥思苦想所得出的结果。

他的思想从不因为年老有任何的怠惰。每一次思维上的突破，都使他的精神倍感愉悦，使他仿佛又多了一份力量。

面对日渐衰老的生命，他不再唉声叹气。他的信仰，一次又一次浴火重生。

虽然已是风烛残年，但他没有放弃生命中任何一次花开的机会。其实，他的花早就开遍了四季，芳香四溢。

时隔千年，我们依旧能够闻到他留在历史中的芬芳。

我们拿出他的诗歌，一遍又一遍地读，一遍又一遍地嗅。那带着浅浅墨香、淡淡酒香的文字，使我们深深陶醉。

抱贫守正

天气炎热，如烈火燃烧，田里的蝗虫疯狂地啃噬着稻子，再加上突如其来的狂风暴雨，使得原本干瘪的稻谷所剩无几。

义熙十四年（418 年），陶渊明在《怨诗楚调示庞主簿邓治中》中这样描写夏季受到自然灾害时的场景。

天道幽且远，鬼神茫昧然。
结发念善事，僶俛六九年。
弱冠逢世阻，始室丧其偏。
炎火屡焚如，螟蜮恣中田。
风雨纵横至，收敛不盈廛。
夏日长抱饥，寒夜无被眠。
造夕思鸡鸣，及晨愿乌迁。
在己何怨天，离忧凄目前。

吁嗟身后名，于我若浮烟。

慷慨独悲歌，钟期信为贤。

那个夏天，炎热的天气仿佛也在灼烧着他的内心，成百上千的蝗虫在他的心上留下一片又一片的残印。他的心已是伤痕累累。然而，伤害还在继续加重，一波接着一波，苦难从不止息。他的生命经过每一场暴风雨的吹打，都像是经历了一场寒流，把他安定淡然的生活摇晃得贫穷潦倒、破碎不堪。

这时候，年过半百的他已然是一个专注于稼穑的老农，他已经老了，却还在为生计苦苦发愁。灾害导致他在那个夏天几乎颗粒无收，根本无法应付官府的征收。于是，一家人只能守着饥饿挨过漫长的时节。

“夏日长抱饥，寒夜无被眠。造夕思鸡鸣，及晨愿乌迁。”不仅食不果腹，而且衣不着暖。在这种日子里，无论黑夜或是白天，都使他无所适从。他讨厌漫长的黑夜，因为忧愁总会使他彻夜难眠；他亦无法在白天感到快乐，是因为白天总是空着肚子，饥肠辘辘。

对于一个饥寒交迫的人来说，再多的理想都成了空谈，当下最要紧的事情是想办法安抚空虚的肠胃。

于是，他只好出去，向乡邻们乞食。

饥来驱我去，不知竟何之。行行至斯里，叩门拙言辞。

主人解余意，遗赠岂虚来。谈谐终日夕，觞至辄倾杯。

情欣新知欢，言咏遂赋诗。感子漂母惠，愧我非韩才。
衔戢知何谢，冥报以相贻。

——《乞食》

乞食是一件很为难的事，他漫无目的地出门，内心十分惶遽不安。肉体万分困顿的时候，精神也会深感疲惫。他感觉自己被饿得头晕眼花，每走一步路，都像是踩在轻飘飘的棉花上。慢吞吞地走了许多路，犹豫再三，终于鼓起勇气敲开了人家的门，见到主人，却不知如何开口。

主人见到陶渊明此时的饥色和窘样，全然明白了，立刻拿出粮食相赠。陶渊明的心由惶遽转为欣慰，对于主人的殷勤款待十分感激。他们相谈甚欢，不觉到了黄昏，端起酒杯开怀畅饮。

“情欣新知欢，言咏遂赋诗。”诗人为有这位新交而感到高兴，于是赋诗相赠。诗中的最后四句，运用韩信报答漂母的典故，流露出诗人对主人至深至高的感情。

全诗真实地反映了陶渊明晚年的贫困生活，也展现了普通百姓在贫困中互相关怀的光辉人性。

不过，陶渊明只会接受性情相投之人的馈赠，他从不向政府官员乞食。曾经有一位叫檀道济的官员，他在任江州刺史不久后便听闻陶渊明隐逸之名，知道他境况艰难，便带着随从，载了米肉前往看望陶渊明。

檀道济用近乎奉劝的口气对陶渊明说：“贤者在世，天下无道则忍，有道则至。今子生文明之世，奈何自苦如此？”檀道济的话有粉饰新朝之嫌，并且否定了陶渊明的隐居之志。于是，陶渊明冷冷地道：“潜也何敢望贤，志不及也。”并且拒绝接受檀道济送来的米肉。

其实，那时候，陶渊明不仅境况堪忧，而且重病在身，很需要别人的资助。但是，对于性情不同的人，他会毫不犹豫地选择背面而向，闭门送客。

他的柴扉，只为高致清雅、懂他悲喜的人敞开。

陶渊明若想做官，凭借他的才能和威望，不愁无官可做。何须等到老年，忍受不了贫穷之时再改变自己的志向？如果那样，他从前的坚持又有什么意义呢？

晚年的贫困，应该是陶渊明自己早就料到的，没有任何官俸，只靠耕种，又有一大家子需要吃饭，日子定会困窘。他的内心早就为此做好了准备，不会有任何埋怨。就像他在《怨诗楚调示庞主簿邓治中》中所说的那样：“在己何怨天，离忧凄目前。”他不埋怨天地，只认为是自己选择的命运。他又说：“吁嗟身后名，于我若浮烟。”他这样做甚至不是为了身后留名，只是于当下问心无愧罢了。

抱贫守正是很难做到的事，贫穷对陶渊明的影响是切肤且深刻的，他不止一次地在诗歌中提到贫穷，描述那种令人触目惊心的饥荒场景。“旧谷既没，新谷未登，颇为老农，而值年灾，日月尚悠，为患未已。登岁之功，既不可希，朝夕所资，烟火裁通。”（《有会而作·序》）时值灾年，旧谷已经吃完，新谷还未成熟。庄稼人常有断炊之苦。更为悲伤的是，这种事情还发生在晚年。晚年的贫困与年轻时候的清贫相比，显然更加凄凉。“旬日已来，日念饥乏，岁云夕矣，慨然永怀，今我不述，后生何闻哉！”（《有会而作·序》）陶渊明说自己已经饿了大约有十来天，饥饿让他感到丧失了力气。眼看着一年已经到头，便不禁慨然长叹，默默地写下几首小诗，以便让后来的人了解真实的生活，受到一些启示。

弱年逢家乏，老至更长饥。菽麦实所羡，孰敢慕甘肥。
惄如亚九饭，当暑厌寒衣。岁月将欲暮，如何辛苦悲。
常善粥者心，深念蒙袂非。嗟来何足吝，徒没空自遗。
斯滥岂攸志，固穷夙所归。馁也已矣夫，在昔余多师。

陶渊明所说的“君子固穷”既包含了仕途上的“穷”，也包括了物质生活上的“穷”。现在，他由饥荒所致的贫穷生活让他对生命另有所悟。故而，他将这首诗称为《有会而作》。

二十岁的时候，家业凋敝，生活困窘，但那时候，他怀抱凌云壮志。不知不觉，人生已经行至晚年，他却要忍受更加长久的饥饿。连粮食都吃不上了，哪里还有什么闲心去思考食物是否美味。贫穷带来的最直接后果是，剥夺了他精致的审美享受，让他过着十分粗糙、狼狈的日子。可是，他偏偏又拥有着最高贵的灵魂以及最高级的审美趣味，于是一边在泥淖里挣扎，一边昂起自己高贵的头颅。这实在是太不和谐了，不免让他感到痛苦。

然而，他仍然选择倔强地活着，肉体上所受的每一份折磨都让他更懂得生命的宝贵，懂得衣食来之不易，懂得平静美好的生活需要靠自己的双手辛勤创造。于是，他对生命的态度，更加谦卑，更加珍惜了。

他说："斯滥岂攸志，固穷夙所归。"他泾渭分明地把生命的价值判然为二：君子高尚其志，安贫乐道，从而虽身处忧患之中，却获得了精神上的自由；小人心为物役，自甘沉沦，终于在随波逐流中淹没了自己。

陶渊明的一生，始终在与贫寒对峙。也许，令他保持坚定信念的动力之源是书本中那些贫穷却不失风骨的古代先贤。

在困顿不堪的时候，他喜欢与他们遥相呼应。由此，他写了《咏贫士》七首，缅怀先贤，激励自己。

万物各有托，孤云独无依。暧暧空中灭，何时见余晖。
朝霞开宿雾，众鸟相与飞。迟迟出林翮，未夕复来归。
量力守故辙，岂不寒与饥。知音苟不存，已矣何所悲。

——《咏贫士·其一》

凄厉岁云暮，拥褐曝前轩。南圃无遗秀，枯条盈北园
倾壶绝余沥，窥灶不见烟。诗书塞座外，日昃不遑研。

闲居非陈阨，窃有愠见言。何以慰吾怀，赖古多此贤。

——《咏贫士·其二》

这两首为七言诗之纲领。

第一首诗以众鸟隐喻趋附新朝的群僚，以无依无靠的孤云和迟出早归的孤鸟自喻固穷守志。既体现了诗人面对困厄现状的无奈，又展现出守志不阿的情怀。

第二首诗自抒贫居境况，寒冬岁暮，负暄茅舍之前，眼中所见除了枯树寒枝，别无他物。灶炉不见烟火，酒壶不见滴酒，可谓凄凉到了极点。

境况如斯，他只能向遥远的古代寻找知音。

他知道，曾经有许多贫寒之士，生活困顿，却活得泠然。

荣叟老带索，欣然方弹琴。原生纳决履，清歌畅商音。
重华去我久，贫士世相寻。弊襟不掩肘，藜羹常乏斟。
岂忘袭轻裘，苟得非所钦。赐也徒能辨，乃不见吾心。

——《咏贫士·其三》

他首先想到的这位隐士叫作“荣叟”，即荣启期，是春秋时有名的隐士。他暮年贫苦，以绳为衣带，却还能弹琴为乐。

还有一位叫“原生”，即原宪，字子思，是孔子的弟子。原宪清静守节，贫而乐道。《韩诗外传》载：原宪居鲁国时，一次子贡去看他，他穿着破布烂衫和裂口的鞋子出来接见。子贡问他何以如此，原宪回答："不过是贫困而已，那种将仁义藏起来，而拥有香车宝马的生活，我原宪是不屑的。"子贡惭愧而去。

纵然身处泥淖，也要保持仰望天空的勇气。

荣启期与原宪，贫寒而不改志趣，正是陶渊明欣赏的。

> 安贫守贱者，自古有黔娄。好爵吾不荣，厚馈吾不酬。
> 一旦寿命尽，弊服仍不周。岂不知其极，非道故无忧。
> 从来将千载，未复见斯俦。朝与仁义生，夕死复何求。
>
> ——《咏贫士·其四》

黔娄为战国时齐国的隐士。齐、鲁的国君请他出来做官，他总是不肯。家中甚贫，死时衾不蔽体。陶渊明几次谢绝州府辟命，后来又辞彭泽县令之职。义熙十一年（415年），朝廷诏征他为著作佐郎，他又称病没有应征。他的经历与黔娄颇为相似，皆是清雅淡泊之人，宁可忍受贫寒，也不愿受驱驰之苦。

"朝与仁义生，夕死复何求。"这两句化用《论语·里仁》中的句子："朝闻道，夕死可矣。"表示对仁义之道的追求至死不渝。

> 袁安困积雪，邈然不可干。阮公见钱入，即日弃其官。
> 刍藁有常温，采莒足朝餐。岂不实辛苦，所惧非饥寒。

贫富常交战，道胜无戚颜。至德冠邦闾，清节映西关。

——《咏贫士·其五》

仲蔚爱穷居，绕宅生蒿蓬。翳然绝交游，赋诗颇能工。

举世无知者，止有一刘龚。此士胡独然？实由罕所同。

介焉安其业，所乐非穷通。人事固以拙，聊得长相从。

——《咏贫士·其六》

昔在黄子廉，弹冠佐名州。一朝辞吏归，清贫略难俦。

年饥感仁妻，泣涕向我流。丈夫虽有志，固为儿女忧。

惠孙一晤叹，腆赠竟莫酬。谁云固穷难，邈哉此前修。

——《咏贫士·其七》

后面这三首所咏的，皆是汉朝人物。

袁安，字邵公，家境甚是贫寒。《汝南先贤传》载，时袁安客居洛阳，值大雪，“洛阳令身出案行，见人家皆除雪出，有乞食者。至袁安门，无有行路。谓安已死，令人除雪入户，见安僵卧。问何以不出。安曰：‘大雪人皆饿，不宜干人。’令以为贤，举为孝廉也”。

关于阮公，其人其事未详。大概也是不喜羁束之人，所以只要有点收入，便会辞官不做。

仲蔚即张仲蔚，东汉平陵（今陕西咸阳西北）人。据《高士传》说，其人“善属文，好诗赋，常居穷素，所处蓬蒿没人。

闭门养性，不治荣名。时人莫识，唯刘龚知之”。陶渊明与张仲蔚的性情与志趣很是相似，算是真正的知音，所以陶渊明愿以之为楷模。

关于黄子廉，《三国志 · 黄盖传》注引《吴书》说 :“黄盖乃故南阳太守黄子廉之后也。”王应麟《困学纪闻》引《风俗通》说 :“颖水黄子廉每饮马，辄投钱于水，其清可见矣。”若为同一黄子廉，则知其曾为南阳太守，为人清廉。后辞官归隐，清贫度日。因心性相同，他也被陶渊明引为知己。

对陶渊明来说，困苦的日子里，与古代贫士遥遥对酌，即使不能称之为乐事，至少可以聊以慰藉。

这些诗，名为咏古，其实就是借古人精神，述自己的志趣。

当然，如果可以，他定然愿意与那些风骨卓然的贫士把盏于草庐茅舍，不说名利，只取风雅。

第八章 垂老之思，悟透生死

生命的意义在于创造，不朽功勋，万古留名，将渺小短暂的个体寄托在人类浩瀚璀璨的星空中独放异彩。

忘年之交

人的一生中，总有一些美好的人和幸福的事，如同潮去后散落在海滩的贝壳，闪亮而珍贵。最美好的事莫过于遇到惺惺相惜的知己，在最寂寥的日子里互相陪伴，共诉衷肠。

陶渊明的一生，有过许多朋友。无论身份、年龄，他们只因志趣相投而成为知交。其中，有一位朋友与陶渊明相差了十九岁，可谓忘年之交。他就是南朝宋时期，有名的文学家——颜延之。他与谢灵运、鲍照合称为元嘉三大家。

颜延之出生于官宦人家，但少年孤贫，喜欢读书，无所不览。颜延之的诗才也是名冠当时，他与谢灵运并称“颜谢”。不仅如此，他和陶渊明一样喜爱喝酒，不拘小节，年纪到了三十岁，还尚未娶妻。

颜延之与陶渊明相识时，陶渊明已年过半百，而颜延之本人才三十出头，他是江州刺史刘柳的后军功曹，后来又转为主簿。而陶渊明此时隐居于庐山南村，了无功名之心。

对于官宦之人，陶渊明向来是避之不及的。然而，颜延之与陶渊明之间的情谊甚是笃厚，这与二人有诸多共同爱好且性情相投不无关系。

颜延之仰慕陶渊明已久，刚到浔阳，便亲自造访陶渊明的茅庐。陶渊明初次见到颜延之，便被眼前这个风采俊逸的年轻人深深吸引。他和死板愚昧的一般官员不同，性情洒脱落拓，言语中有真知灼见，令陶渊明甚是喜爱。

可能，他在颜延之身上看到了年轻时候的自己。于是，他欣然地接受了颜延之的到访，邀他一起进门喝酒，吟诗作赋。

颜延之的出现，对晚年的陶渊明而言，仿佛是开在苍茫暮色中的一朵生动、新鲜的花。他倔强顽强，充满活力；然而，他又是那样迷茫，那样愤怒，那样痛苦失意。

颜延之所诉予陶渊明的一切，让陶渊明感到似曾相识，他现在所有的矛盾纠结，就像曾经的自己那样。

作为一个长者，陶渊明对世事的了解自然要比年轻的颜延之通透许多。幸运的是，这样一位拥有丰富的人生阅历的老者愿意用自己毕生的智慧去开导他、帮助他。的确，在颜延之的心中，陶渊明是一个能够给予他心灵安慰的良师益友。或许，正是从陶渊明那里，他获得了更多的不羁，更多的自由行驰于仕途的自信。

就文学上而言，彼时，陶渊明在诗坛已经久负盛名，颜延之的诗却还未闻名于世，他对陶渊明的诗才以及为人都崇拜有加，常常去向陶渊明讨教有关诗歌以及人生的问题。

不过，颜延之的诗歌与陶渊明的风格迥异，这与二人的心性不同有关。颜诗多是一些庙堂之作，富丽典雅，辞藻华丽，是因为颜延之初入仕途，恃才傲物却不被重用，时常有怀才不遇之愤懑；陶诗则平淡自然，冲淡渺远，是因为陶渊明人至暮年，已参悟人生，鄙弃尘世，常怀超逸之情。

不同的人生，相同的境遇，使年纪相差悬殊的两人相聚在一起，把盏酬唱，共话沧桑，相谈甚欢。

不讲究年龄长幼上的世俗人伦，亦不在乎官员与平民之间的尊卑等级，颜延之与陶渊明的交往，无拘无束，没有丝毫挂碍。这十分符合他们的性情，陶渊明和颜延之皆是不拘小节之人。

每一次，陶渊明喝完酒，便说："我欲醉眠，卿可自去。"说完，便自顾自地睡去了，颜延之知会而归，甚是默契。

某天晚上，二人都喝得大醉。次日清晨，孩子们跑来说："颜先生没打招呼就走了！"陶渊明笑道："尽兴而别，何必作女儿家缠绵姿态！"

陶渊明性情率真洒脱，颜延之的个性则是狷介、傲岸。

陶渊明愤懑时，只不过是以诗歌隐晦地讽喻时事，而颜延之则干脆借酒佯狂，遇到不平之事，便要快意直言。譬如，他见刘湛、殷景仁专当要任，便对刘湛说："像我这样的才学，这样的名士，却得不到重用，落到给人家做家臣小吏！"由于他时常批评当政，言辞激扬，人们索性称他为"颜彪"。

一日，宋文帝传人召见颜延之，然而屡次传诏还是不见他人来。原来他正在酒店之中裸袒着身体，唱着挽歌，根本无心应对。等他次日酒醒来见文帝时，文帝问他几个儿子的才能。颜延之说：“竣得臣笔，测得臣文，得臣义，跃得臣酒。”意思是他的几个儿子都一一继承了他的优点。旁边的大臣何尚之便嘲笑他说：“那么是谁继承了你的狂放呢？”颜延之说：“其狂不可及。”

颜延之批评自己的儿子更是毫不留情。当时他的儿子苏峻正权倾朝野，显贵一时。但是作为父亲的他却看不惯儿子那副不可一世的样子，便斥责道：“出粪土之中，而升云霞之上，傲不可久，其能久乎？”他自己则器服不改，宅宇如旧，常乘羸牛笨车出行。与陶渊明的《责子》诗相较而言，颜延之对儿子的责骂多少有点声色俱厉的样子了，全然没有陶渊明的嗔怪之意。他与陶渊明一样，都是视金钱如粪土之人。

很难想象，这样两个疏狂的人在一起会擦出什么样的火花，或许是日日放歌，痛斥时政，佯狂而笑，醉酒而眠。

可是，颜延之毕竟和陶渊明是有所不同的。他的狷介多是由于傲岸，这注定了他不会甘心像陶渊明那样隐居山林，而是渴望走入仕途，大有作为。他的心是喧狂的，不像陶渊明那般宁静。

于是，不久之后，颜延之又迈上了仕途上新的征程，他离开浔阳去别处任职了，二人一别竟是多年。

再次相逢，已是刘宋景平二年（424 年）。

彼时，颜延之因耿介之语遭人怨恨，被设计排挤，外放到始安（今广西桂林）任太守。经过浔阳时，他特意造访陶渊明。

故人重见，日日诗酒相欢，甚是畅快。

时隔多年，老友重逢，自是嫌时光太过匆忙，欢乐总不尽人意。

数日之后，颜延之启程离开，两人都不胜感伤。

那一年，陶渊明已经六十岁，作别知己，料想从此将天各一方，或许永不相见，便不自觉老泪纵横，悲伤不已。

关河迢递，世事茫茫。后来，他们的确再未见面。

临走时，颜延之见陶渊明生活困顿，便给陶渊明留下了二万钱。陶渊明将之尽数放在了酒馆里。可惜，日后去酒馆饮酒，没有好友把盏闲谈，酒之滋味，顿觉寡淡至极。

再后来，陶渊明去世了。远在天涯的颜延之得知噩耗，深感悲伤，作《陶征士诔》以表达对故人的怀念。

文章以饱蘸感情之笔叙事，于叙事中含颂赞，认真细致地勾勒出陶渊明完整的一生，那里面包含陶渊明的个性、学识、家庭生活、处世以及人生态度等。在这一篇诔文之中，我们充分地了解到陶渊明率意任真的精神风貌和澄澈脱俗的人格魅力。那是纸上所写的陶渊明，也是颜延之心中永远的陶渊明。

现在，陶渊明远去了。茫茫人海，再无陶渊明策杖而行，白发佝偻的身影。每念及此，纵使是颜延之这样的狂士，也不禁潸然泪下，黯然独伤。

在离别的日子里，颜延之哀叹自己从未收到过陶渊明的信，也不知道陶渊明是否曾经把他写在诗里。他最后在《饮酒》组诗的序言中，发现了自己的存在。

组诗序言中说："辞无诠次，聊命故人书之，以为欢笑尔。"颜延之知道这个"故人"就是他自己。忽然，那些在一起月下倾谈、花间痛饮的日子又浮现在了眼前。

颜延之念他的诗，又是哭又是笑。

他恨自己没有早些时候认识陶渊明，此时，才觉得忘年之交的唯一坏处是：有一个人注定要先走一步，独留另一个人徘徊于尘世间茫然不知所措。

然而，能与陶渊明成为知己，他感到自己是荣幸的。因为，这世间，他的疏狂，或许只有陶渊明能懂。

桃源之想

昨夜，陶渊明又悄悄入梦。梦里有一片桃林，桃花纷纷盛开。

一树的娉婷袅娜，一眸的桃香粉艳。

他还梦见那白月光，很亮，像绣女手中的锦缎。梦见她将一缕清风化作绣线，绣上一朵又一朵的桃花。

绣女的手像三十年前发妻的手。

三十年前，她离开了。那晚，月光也是那样白。

生前，她也曾喜爱绣花，她曾指着绣出的花瓣说，每一片都蕴藏着对他的思念。

梦里，柔情似水。三十多年了，时间从一个透着微光的洞口倒回，他看到自己的白发又变回了青丝。

他手里的七弦琴发出铮铮之音，温柔弥漫指尖。顿时，琴弦化作一张散开的渔网，琴木化作一只两头翘起的渔船，形状像一弯缺损的月亮。

他乘着船，出现在一片宁静的大海上，用渔网打捞落在海面的月光。

这样的梦，总是在烟雨蒙蒙的三月，做了一遍又一遍。

他无数次穿过那片寂静而又柔美的桃林，花瓣纷纷掉落；他无数次放下手里的琴，用渔网打捞海里的月光；他无数次穿梭于美梦与现实之间，醒来后怅然若失。

他无数次回想，沿着那透着微光的洞口往前走，将会看到什么样的景象。可是，梦总是在那一刻戛然而止。于是，他意犹未尽，便开始用自己的笔继续编织那个梦。

他翻开这几日常常阅读的奇书异文，《山海经》与《穆天子传》已经烂熟于心，他也曾作了许多读书笔记，写下《读山海经》十三首。

晚年，他最喜欢读的是这样的书，他也希望创造一个像传说中那样的故事。他是一个文人，这样的想法总是让他兴致勃勃，跃跃欲试。

他给他的故事起了一个名字叫作《桃花源记》，他要写的故事发生在一个叫作“桃花源”的地方。想到这个名字的原因就是梦中常常见到的那片桃林。

“桃花源”，一个多么诗意的名字。他把对生活的梦想都寄托在这个故事里面。

在这个故事里，他打算化身为一个捕鱼的人，在开头便写下这样的文字：“晋太元中，武陵人捕鱼为业。”

他对这个句子很满意，他要告诉读者故事发生在当代，就在二十年前，这样或许会让人觉得更加真实。

这个捕鱼的人家住沅水中游（今湖南省常德市），这一切都发生得不算太远，但还是要和他的生活保持一定的距离。

他喜欢梦中的那片桃花，它和菊花是两种不同的美。桃花是唯美的，浪漫的，世俗的。他的梦不能生长在脱离生活的土壤上，所以他认为以“桃花源”命名最为合适。

那一刻，他完完全全舍弃了自己作为一名士人的身份，成了一个普普通通的渔民。他头戴斗笠，身披蓑衣，腰间挂着鱼篓，赤着足，挽起裤腿，手中握着渔具。

或许，他认为一切的不美好都是从等级差异开始的。

所以，他总是喜欢在文章中写一些无名无姓，没有门第的人。譬如这篇桃花源记中的“武陵人”，譬如《五柳先生传》中的五柳先生。了解他的人都知道，那个无名无姓的人就是他，他从来都不想做“人上人”，只愿做一个真淳厚朴的人。

那位捕鱼人沿着小溪划船，竟然不知不觉迷了路。

两岸的桃花深深地吸引了他：“忽逢桃花林，夹岸数百步，中无杂树，芳草鲜美，落英缤纷。”寥寥数语便勾勒出一片神奇美丽的境界。

纯粹的桃林，没有一棵杂树，似乎隐喻着诗人理想中的世界也是纯净无瑕的。在这片桃林里，既有绽放的桃花，也有纷纷飘落的花朵。生长与凋零并存，但没有一丝悲伤气息。只觉得满眼都是粉红色的浪漫。

捕鱼人的反应是“甚异之”，因为这是超出他平常世界的一片见所未见的美好风景。好奇心促使他沿着那片桃林，一直往前划船。

“林尽水源，便得一山，山有小口，仿佛若有光。便舍船，从口入。”故事开始变得越来越吸引人，划过那片桃林，横亘在眼前的是一座莫名的山。山堵住了水路，只留有一个小口，隐隐约约透露着光。为了寻找那一丝光的来源，亦或许已经被之前桃花林的美景深深触动，他终于鼓起勇气，决定进入山洞中一探究竟。

“初极狭，才通人。复行数十步……”情节铺垫至此，终于“豁然开朗”，展现在他眼前的是一个恬静古朴的乡村社会：“土地平旷，屋舍俨然，有良田、美池、桑竹之属。阡陌交通，鸡犬相闻。其中往来种作，男女衣着，悉如外人。黄发垂髫，并怡然自乐。”

这是陶渊明心中的理想社会，是一片未经世俗污染的乡村。在这里，没有战争，没有硝烟，只有怡然自得的人们。这里没有华服广厦，也没有香车宝马，却物产丰饶，秩序井然。在这里，一切都是平等的，人们没有过多的贪欲，亦没有绝对的权威，每一个人都是自己命运的主宰。这大约也是人类最理想的社会吧。

后面，他又写道：“见渔人，乃大惊，问所从来。具答之。便要还家，设酒杀鸡作食。村中闻有此人，咸来问讯。自云先世避秦时乱，率妻子邑人来此绝境，不复出焉，遂与外人间隔。

问今是何世，乃不知有汉，无论魏晋。此人一一为具言所闻，皆叹惋。”

对于他这样一个突然闯入的过客，桃花源里的人们先是“大惊”，他们古朴至忘记了时间，并不知道外面的世界已经发生翻天覆地的变化，自先秦以来，根本不知道还有汉代，更别说魏晋了。那是因为他们不以时间衡量自己的生命，而是以自己的行为去度量时间。

陶渊明在这里写到的是一种十分先进的时间观念，桃花源里面的人自然也有生老病死，但是他们能够忘却岁月之忧，即便是垂髫的老人也能怡然自乐，因为他们的一生过得十分自足、完满。

村中的人热情招待了陌生的来客：“便要还家，设酒杀鸡作食”“余人各复延至其家，皆出酒食。”这些句子，都流露出浓浓的温情。

最后，渔人辞别，此中人语云：“不足为外人道也。”可是他却“便扶向路，处处志之。及郡下，诣太守，说如此。”一位叫刘子骥的高士，听说桃花源后便亲自找人打听，但最终无法找到津口，抱病而死。这样的结尾颇具神秘色彩，让人浮想联翩。

除了《桃花源记》，陶渊明还写有《桃花源诗》：

> 嬴氏乱天纪，贤者避其世。黄绮之商山，伊人亦云逝。
> 往迹浸复湮，来径遂芜废。相命肆农耕，日入从所憩。

桑竹垂余荫，菽稷随时艺；春蚕收长丝，秋熟靡王税。
荒路暧交通，鸡犬互鸣吠。俎豆犹古法，衣裳无新制。
童孺纵行歌，斑白欢游诣。草荣识节和，木衰知风厉。
虽无纪历志，四时自成岁。怡然有余乐，于何劳智慧？
奇踪隐五百，一朝敞神界。淳薄既异源，旋复还幽蔽。
借问游方士，焉测尘嚣外。愿言蹑轻风，高举寻吾契。

此诗并不如《桃花源记》那样有名，大约是散文太妙，盖过了这首诗的风头。诗中侧重描写桃花源人民安宁祥和的生活，对某些内容作了详细的补充。譬如明确指出黄（夏黄公）、绮（绮里季）避秦时乱到高山的实例，暗示桃花源中的人与这些古代贤者志趣一致，正是这些贤者带他们来到桃花源。

桃花源里的人，因为随着季节的变化而劳作和休息，所以连历法都用不着。活在这样的自然之中，不受外物所累，悠然惬意，正是陶渊明的理想。

桃花源是陶渊明在想象中为天下苍生营造的安居乐业之处，是他寄托济世之志的理想国度。

桃花源又隐喻着一种漫不经心的生活态度。捕鱼人没有刻意去寻找，却偶然间得见桃源生活；南阳刘子骥千方百计寻觅，却再也无法找到桃花源的踪迹。正是说明，人生于世，应该自然而来行事，而非刻意机巧，弄巧成拙。

陶渊明逃避官场，隐居乡下，便是在用自己的一生实践着这样简朴自然的生活方式。

故而，桃花源，不同于幻想中的乌托邦，亦不是陶渊明自我心灵的梦呓，而是一副可供政治参照的理想蓝图。

东晋末期，战乱频繁，荒烟弥漫。诗人照着心中的蓝图，把桃花源真真实实地带到了南村，带给了他身边的每一个人。

乃至今后，他在每一个中国人的心中都留下了一个挥之不去的美好梦想。

纵浪大化

手里握着一杯酒，便不觉得空虚，因为有气味，有份量；心中住着一个人，便不觉得空洞，因为有思念，有温度。

一切可以触摸、感觉并能够想象的事物，充盈了原本一无所有的生命。

或许，生命的意义在于感受。于是，一花一世界，一叶一菩提，只要用心去品味，万般自然，各有滋味；或许，生命的意义在于创造，不朽功勋，万古留名，将渺小短暂的个体寄托在人类浩瀚璀璨的星空中独放异彩。

一个年轻的人，可能不会思考人生的终极问题，而一个形体趋向衰亡的人，不得不面对老去的事实。那时候，他便会问，生是从哪里来，死将往何处去？灵魂会不会随着形体的消逝一起灭亡？

佛教所说的彼岸世界，让人无法确信。生的尽头，是不可探及的寂寂无涯、茫茫黑暗。死亡，让人感到恐惧，是因为仿佛生前的一切都虚空了。

三十岁的时候，陶渊明失去了第一任妻子。那是他成年之后，第一次感觉到死亡距离他如此之近。他感到愕然、惶恐，不知所措，于是上庐山东林寺寻找慧远和尚。那时候，他在其中得到了许多安慰。不过，随着年纪的增长，他对此越来越感到怀疑。于是，他始终没有加入白莲社，也没有成为一个虔诚的佛教徒。

在陶渊明看来，形神相随，形灭则神灭。

其实，关于形神问题的讨论古已有之。老子曾说："太上养神，其次养形。"《淮南子·原道训》中说："以神为主者，形从而利；以形为制者，神从而害。"都表示了以神为主，以形为辅，神贵于形的观念。

同时，也指出了形神一致，不可分割的观点。如《淮南子·原道训》中说："夫形者，生之舍也；气者，生之充也；神者，生之制也。一失位，则三者伤矣。"

义熙九年（413年），四十九岁的陶渊明，有感于亲戚朋友的相继离世，又在感到自己的生命也岌岌可危的情况下，对形神问题作了深入的思考。他写了《形影神》三首，阐述了自己的观点。

天地长不没，山川无改时。草木得常理，霜露荣悴之。

谓人最灵智，独复不如兹。适见在世中，奄去靡归期。

奚觉无一人，亲识岂相思。但余平生物，举目情凄洏。
我无腾化术，必尔不复疑。愿君取吾言，得酒莫苟辞。

——《形赠影》

存生不可言，卫生每苦拙。诚愿游昆华，邈然兹道绝。
与子相遇来，未尝异悲悦。憩荫若暂乖，止日终不别。
此同既难常，黯尔俱时灭。身没名亦尽，念之五情热。
立善有遗爱，胡为不自竭？酒云能消忧，方此讵不劣！

——《影答形》

大钧无私力，万理自森著。人为三才中，岂不以我故。
与君虽异物，生而相依附。结托既喜同，安得不相语。
三皇大圣人，今复在何处？彭祖爱永年，欲留不得住。
老少同一死，贤愚无复数。日醉或能忘，将非促龄具？
立善常所欣，谁当为汝誉？甚念伤吾生，正宜委运去。
纵浪大化中，不喜亦不惧。应尽便须尽，无复独多虑。

——《神释》

陶渊明思考了慧远法师关于“形影神”的理论，赋予了“形影神”新的含义。在他的诗中，“形”指追求物质享乐的人生态度，“影”指追求美好名誉的人生态度，“神”指顺应自然的人生态度。

组诗序言云：“贵贱贤愚，莫不营营以惜生，斯甚惑焉；故极陈形影之苦，言神辨自然以释之。好事君子，共取其心焉。”意思是，世间之人不论贫富智愚都在拼命维持生活，其实是糊涂之事。因此，他尽力陈述形影之苦恼，而以神辨自然的道理，解除世人的困惑。

组诗第一首中，形体对影子说：“天地永恒，山川万古如斯，草木荣枯自有规律。人生于世，却是匆忙的过客，刹那来去，从此无声，就像从未来过。我作为形体，没有飞天成仙的本领，你影子也不必怀疑我最终的归宿。既然如此，不如尽情享乐，推杯换盏，度过匆忙的人生。”

然后，是影子回答形体：“有生必有死，寻求长生不老是不可靠的，欲保养生命也往往落得苦恼的下场，至于修仙学道，更是虚无缥缈。自从我影子与你形体相遇以来，始终相伴相随，同甘共苦。我若栖息于树荫下，你便和我暂时分离；我若立于日光下，你便在我身边。不过，这种形影相随的情形总有结束的时候，总有一天，我们将远离尘世。人死名也随之而尽。尽管如此，也可以立善而留名于世。虽说酒能解忧，终不如立善名更有意义。”

第三首，面对形影对答，神的解释是：“造化无形，亦无偏爱，万物生长繁衍自有其规律。人之所以能跻身于“三才”（天地人）之中，正是因为有精神。我与你们虽不同，却亦是相互依存，既然如此，就坦诚地说说我的看法：上古时代的三皇被称为大圣人，如今人在何处？彭祖活了八百多岁，想要长生于世，终究还是离开了红尘。这世上，无论男女老少，无论贵贱贤愚，终归黄土，没有什么回生的运数能够挽回。沉醉于酒，或许能忘却尘世，却也提前耗尽了宝贵的生命。立善之人死后，又有几人能记得你的声名？与其执着于这些问题，倒不如随造化的安排，顺其自然，在茫茫尘世不喜亦不惧，坦然而生，直到生命尽头。”

乐天知命，顺遂自然，就是陶渊明的人生哲学。

他不贪恋物质享受，亦不为声名所羁绊，只愿于滚滚红尘中、茫茫天地间，来去自如。

陶渊明的哲学是在佛老思想基础上，结合了晋宋之际社会现实，有感而发，创造出的一种新的学说。它既不同于魏晋时期的自然崇仰者，以放情山水，服食求仙为尚，如嵇康、阮籍等人，又不同于魏晋时期的遵奉孔孟、标举名教者，如，何曾之流。

《形影神》这组诗中，不仅体现了陶渊明的个人哲学观，而且对理解自曹魏末至东晋时士大夫政治思想、人生观念的演变历程有极重要的意义。

浮生若梦，短暂而又迷茫，不知不觉，已至梦醒时分。再回首，一切往事如浮光掠影，悄然逝去。曾经苦苦寻觅，努力追逐的事，都在刹那间了无形迹。

直到生命的最后一刻，或许，人们才会了解，物质的享受，声名的满足，终将因我们的离开而结束。

陶渊明在慢慢老去的过程中，不仅看到过这个世界上个体的消亡，而且目睹了政权更迭，山河巨变。于是，他深知人生虚无。于是，他早早地放弃了声名之事，跳出了儒家三不朽的思想，找到了自己立身处世的根本，那便是回归自然。

他寄心于山川草木之中，融身于草屋农田之间，与自然万物和谐相处，与素心之人谈笑往来。

既然一切皆因缘起而生，缘灭而死，那么，人只要顺应自然即可，而不必枉做功夫，南辕北辙。

人若能以平常之心看待自己的生命，不分强弱你我，高低贵贱，与天地融合，便可死而不灭。

归于寂途

岁已至暮，晚秋苍凉。

贫苦与疾病终日缠身，陶渊明独卧于病榻之上，隔窗望向外面，满目皆是萧条的风景。

他知道，下一个春天或许再也不会来了。他的春天，早就已经过去，悄然落在每一寸路过的土地上。

回顾一生，不曾拥有辉煌，但也不算苍白，最深的遗憾，或许是没能实现济世安民的理想。

他这一生，纵使没有取得赫赫功勋，但也算是将日子过得寂静而又丰盛；即便是在贫病交加的时刻，他还是略感恬静、欣慰。

躬耕田野，饮酒写诗，他一生中大部分日子是这样度过的。

作为一个诗人，他有一颗恬淡之心，有一支灵秀之笔，可以品味山水，描摹天地，吟诵春秋，领悟悲欢。

他时常思考生死之事，却又将它看得很淡。

他知道，人生一世，如草木一秋，生命既然有其生长，必然有其凋零。因此，不必执着于生命的长短，只需把握现有的生命。

在那个秋风萧瑟的九月，在预感到自己的生命将要不久于人世时，他强撑病体，披衣而起，在几近倾倒的茅庐中，相继写下《拟挽歌辞》三首及《自祭文》，来阐述自己对生命的理解。

在《拟挽歌辞》三首中，他以独特的视角来描绘自己死去后的场景：

有生必有死，早终非命促。昨暮同为人，今旦在鬼录。
魂气散何之，枯形寄空木。娇儿索父啼，良友抚我哭。
得失不复知，是非安能觉！千秋万岁后，谁知荣与辱？
但恨在世时，饮酒不得足。

在昔无酒饮，今但湛空觞。春醪生浮蚁，何时更能尝！
殽案盈我前，亲朋哭我傍。欲语口无音，欲视眼无光。
昔在高堂寝，今宿荒草乡。一朝出门去，归来良未央。

荒草何茫茫，白杨亦萧萧。严霜九月中，送我出远郊。
四面无人居，高坟正嶕峣。马为仰天鸣，风为自萧条。
幽室一已闭，千年不复朝。千年不复朝，贤达无奈何。

向来相送人，各自还其家。亲戚或余悲，他人亦已歌。死去何所道，托体同山阿。

第一首开宗明义，说明生死是必然规律，即便有人早早死去，也不能说他命短，因为死是迟早会降临的。不要用时间的长短去衡量生命，亦不必畏惧死亡。不必寄希望于彼岸或者来生，因为死后，魂气散尽，人只剩下一具枯槁的形体。

纵使亲人们围绕着死去的人哭泣，对死者而言，已是无知无觉。他想象自己死后，孩子们定会伤心哭泣，好友们也将来到他的灵柩前痛哭悼念。一想到这些，他的内心才不免感到伤痛。

随着时间的流逝，亲人们或许会时常惦记他，抑或将他淡忘，而他生前的荣辱早就被人所遗忘。

最后，他颇为诙谐地说，人生最大的憾事，是“饮酒不得足”。

面对死亡，陶渊明是镇定豁达的，他不贪恋生，亦不畏惧死。只求在世时，依照自己的心性，尽情享受生活。

第二首，承接上一首末尾之意，从“在昔无酒饮”写起，又从入殓写到受奠，过渡自然，无丝毫斧凿痕迹。他说，生前酒杯常空，死后灵前却斟满了酒。可惜，清冽美酒无限诱人，他十分想喝却再也喝不到了。这里似乎是在嘲讽人们将灵魂之事信奉得过深。他说，当他看到亲友们为死去的自己哭泣时，想要上前安慰，却又开不了口，眼前看到的东西也是一片迷蒙。

而这将是他最后与亲友们相处的时间。一旦出殡，他就再也回不来了。地下长夜无穷，他将永远不可能回到温暖的家，永无见天日的机会。

此处，体现出陶渊明对生之留恋，对死之痛苦的想象。

第三首，被萧统选入《文选》之中，是三首之中造诣最佳的。诗中通篇描写送殡下葬的过程，突出送殡者。先是以茫茫荒草，瑟瑟白杨渲染凄凉的氛围，点明时间是在寒流涌动的秋月。诗人想象下葬之后，四周只有荒冢为伴，再无人烟气息，便不禁觉得凄惨。后面又以风的哀号，马的嘶鸣勾勒出沿途风景，历历在目。最后，墓穴一闭，他就永远都不能见到光明了，他还说贤达之人都是同样的下场。

然而，此诗的精彩之处在于后六句。他说，一旦棺入穴中，墓门幽闭，刚才送葬的人，自然就纷纷散去。只有亲人家眷，可能会时常惦念着，感到难过。而其他人，早就已经把自己忘掉，对他们来说，送葬不过是礼节性的应酬，本没有什么悲伤。

“死去何所道，托体同山阿。”在陶渊明看来，死只是一种极其正常的生命代谢，是魂归自然的皈依。死去，只是意味着人际关系的脱落，尘缘的结束。

生命来去，就像花开花谢。

所有的盛放与喧阗，都会在刹那间落幕。

秋风四起，落叶归根。红尘往事，终将了无痕迹。

《拟挽歌辞》写完之后，不能竭尽他的全意。于是，他又守着寂寞的长夜，饮干了杯中的美酒，洋洋洒洒，写下了二百四十七字的《自祭文》：

岁惟丁卯，律中无射。天寒夜长，风气萧索，鸿雁于征，草木黄落。陶子将辞逆旅之馆，永归于本宅。故人凄其相悲，同祖行于今夕。羞以嘉蔬，荐以清酌。候颜已冥，聆音愈漠。呜呼哀哉！

茫茫大块，悠悠高旻，是生万物，余得为人。自余为人，逢运之贫，箪瓢屡罄，絺绤冬陈。含欢谷汲，行歌负薪，翳翳柴门，事我宵晨，春秋代谢，有务中园，载耘载耔，乃育乃繁。欣以素牍，和以七弦。冬曝其日，夏濯其泉。勤靡余劳，心有常闲。乐天委分，以至百年。

惟此百年，夫人爱之，惧彼无成，愒日惜时。存为世珍，殁亦见思。嗟我独迈，曾是异兹。宠非己荣，涅岂吾缁？捽兀穷庐，酣饮赋诗。识运知命，畴能罔眷。余今斯化，可以无恨。寿涉百龄，身慕肥遁，从老得终，奚所复恋！

寒暑愈迈，亡既异存，外姻晨来，良友宵奔，葬之中野，以安其魂。窅窅我行，萧萧墓门，奢耻宋臣，俭笑王孙，廓兮已灭，慨焉已遐，不封不树，日月遂过。匪贵前誉，孰重后歌？人生实难，死如之何？呜呼哀哉！

这是历史上第一篇为自己写的祭文。它写于宋文帝元嘉四年（427 年）九月，即诗人逝世前三个月。那时候，陶渊明六十三岁。

祭文的一开头便以秋之萧瑟凄凉渲染将死的哀情：深秋的夜晚，寒风瑟瑟，草木相继枯萎；夜色里，时不时地传来鸿雁南飞的哀鸣。陶渊明想，这是他该辞别人世，永归“本宅”的时候了。

一枕秋凉，半生尘梦，人生终究是一场有去无回的旅行。

他虚弱地躺在病榻上，回忆自己一生所经历过的事情：身居陋室，箪食瓢饮，清贫而又快乐；躬耕田园，春种秋收，忙碌而又充实；读书抚琴，饮酒作诗，惬意而又美好；负暄窗下，沐浴清泉，悠然而又自得。六十余载，他始终活得不卑不亢。

对于生命，他充满了感激，他感念造化赋予的这些经历。

他在祭文中交代了自己的身后事：“不封不树，日月遂过。”也就是说，既不垒高坟，也不在墓边植树，长归尘土，任由岁月湮灭。因为，生前不求声名，死后更无需人们拜祭。

他知道，每个人旅途的终点都是归于暮色，那又何必为死而忧愁？人生本就短暂，当及时把握当下的欢乐：该饮酒时须饮酒，该作诗时须作诗。所以，他生时洒脱，死时从容。

祭文写完，他生前的心愿也就告一段落。他放下笔，气吁微喘，兀自坐在椅中休息。

长夜未尽，灯光昏弱，他感到有些寒冷，有些口渴。他想借酒暖暖自己的身子，但杯中酒已饮尽，不免暗自长叹。

夜晚，没有其他声音。只有他孤独的叹息在屋内的寒气中轻轻流动，而外面的风紧紧地拍打着茅庐的窗户，声音越发急迫了。

他想，明年的花一定会开得更好。但那时候，他或许已经长眠于地下，这一切都是身体里的声音告诉他的。他曾经听到生命里的季节在他的骨骼中生长，又在他的体内渐渐消失。

三个月后，久卧病床的陶渊明病逝了。

前尘往事，悲欢离合，刹那间没了声响。

他的好有颜延之为他写下追悼之文《陶征士诔》，又过了许多年以后，文人们纷纷称之为“隐逸诗人之宗”，不断模仿和推崇他的诗歌。

苏轼说：“吾与诗人无所甚好，独好渊明之诗。渊明作诗不多，然其诗质而实绮，癯而实腴，自曹、鲍、谢、李、杜诸人，皆莫过也。”

杨万里《西溪先生和陶诗序》云：“渊明之诗，春之兰，秋之菊，松上之风，涧下之水也。”

姜夔《白石道人诗说》说：“陶渊明天资既高，趣诣又远，故其散而庄，澹而腴，断不容作邯郸步也。”

李东阳《怀麓堂诗话》说：“陶诗质厚近古，愈读而愈见其妙。”

王世贞在《艺苑卮言》中说：“渊明托旨冲淡，其造语有极工者，乃大入思来，琢之使无痕迹耳。后人苦一切深沉，取其形似，谓为自然，谬以千里。”

王国维说：“三代以下诗人，无过屈子、渊明、子美、子瞻者。此四子者，若无文学之天才，其人格亦自足千古。”

那一刻，陶渊明若是地下有知，当会发现，他所期待的春天，会在他的身后，一次又一次地到来，他所想要看到的花朵，也将一茬又一茬地开满人间。

千百年后，我们像他那样期待春天。期待生命里有奇迹发生，期待着枝头开满粉红绚丽的桃花，以及在落霜之后还会有傲然的秋菊绽放。

我们沿着他所留下的诗篇，寻觅着他的身影，以及独属于他的那一朵芬芳。

我们想起他，便会自然地想起他梦想中的桃花源，想起他采菊东篱下的悠然。

斯人已逝，诗篇永存。愿我们的心灵与诗人的精神发生永久的共鸣，在这繁华绚烂的俗世烟火之中，让出心中一隅，重拾那小径村烟、田园牧歌式的生活，重拾那一份简朴、恬静与安然。

参考文献

1. 钟书林 . 隐士的深度：陶渊明新探 [M]. 北京：中国社会科学出版社，2015.

2. 孙宝 . 儒学嬗变与魏晋文风建构 [M]. 北京：人民文学出版社，2014.

3. 陶渊明著 . 陶澍集著 . 龚斌校点 . 陶渊明全集 [M]. 上海：上海古籍出版社，2015.

4. 程滨 . 与陶渊明生活在桃花源 [M]. 长春：长春出版社，2016.

5. 钱志熙 . 陶渊明经纬 [M]. 北京：北京大学出版社，2019.

6. 袁行霈 . 中国诗歌艺术研究 [M]. 北京：北京大学出版社，2009.

7. 李长之 . 陶渊明传 [M]. 北京：北京联合出版公司，2019.

8. 高建新 . 自然之子陶渊明 [M]. 呼和浩特：内蒙古大学出版社，2003.

9. 梁启超 . 陶渊明之文艺及其品格 . 饮冰室合集 [M]. 北京：中华书局，1989.